世界人権論序説

多文化社会における人権の根拠について

森田明彦
Morita Akihiko

藤原書店

世界人権論序説／目次

はじめに……………………………………7
「人権」の二つの側面　7／本書の構成　9／用語について　13
第一章　「理念としての人権」と「道徳的権利としての人権」……18
第1節　道徳的権利としての人権　20
第2節　理念としての人権　38
第二章　規範概念としての人権――メタ倫理学的アプローチ　……56
第1節　人権の実在性　56
第2節　スティーブンソンの情動主義　65
第3節　テリー・ホーガンとマーク・ティモンズの認知主義的表出主義　73
第4節　表出主義は道徳的相対主義か？　78
第5節　多元的な、頑強な実在論に基づく表出主義の可能性　83
第三章　人権の根拠に関する比較思想史の試み……………96
第1節　人権の基礎付け　96

第2節　人権の受容にキリスト教共同体主義が果たした役割――西洋　108
第3節　人権が想定する人間観・社会観の発展――日本　117
第4節　非西洋社会で可能な権利主体としての自己――情緒的相互依存的自己　122
第5節　賀川豊彦のキリスト教人格主義と侠客道　125

第四章　東アジアにおける人権の根拠――「義理」と「天理、国法、人情」……143

第1節　義理とは何か？　148
第2節　西洋の責務と日本の義務　151
第3節　「義理」は個別主義的倫理か？――源了圓　154
第4節　「天賦人権論」の民衆的土壌としての「義理」　158
第5節　日本における近代的アイデンティティの構想　168
第6節　「天理、国法、人情」の現代的意義　175

第五章　新たな人権理論の必要性――将来世代の権利……189

第1節　将来世代の権利を巡る課題とアプローチ　189
第2節　集団としての人権を巡る課題　196

第3節　集団的アイデンティティに対する集団的人権　203
第4節　理念としての将来世代の集団的人権　210

おわりに

おわりに……215
「四つの自由」と人権　215／「国際人権レジーム」の発展　217／
二一世紀における人権を巡る課題　219

参考文献　225
主要人名・事項索引　241

世界人権論序説

多文化社会における人権の根拠について

凡例

一　注は（1）（2）…で示し、各章末に配した。

一　〔　〕は、引用文に対する引用者の補足を示す。

はじめに

「人権」の二つの側面

私は、本書において「人権」を巡る三つの課題を取り上げた。

第一に、人権とは何か？

第二に、人権の「土着化」に必要な精神史的課題は何か？

第三に、人権の新たな課題は何か？

私は、これまで二〇年間にわたり、子どもの商業的性的搾取、子どもの兵士、国連・子どもの権利委員会に対する個人通報制度に関するキャンペーン等を通じて、国際的な人権活動に参加してきた。

私の考えでは、人権とは、社会的存在である人間が一人ひとりのかけがえのない「善き生」を生きるために必要な自由と生存を保障する装置であると同時に、その実現が人類にとって普遍的な道徳的責務であることへの人類的コミットメントを表出する理念である。[1] 私は、人権には「道徳的権利としての人権」と「理念としての人権」があると考えている。

多くの人権活動家は、少数民族の自治の実現、人身取引の予防や加害者処罰・被害者保護の実現などを目指して、様々な活動に取り組んでいる。

その際、彼らは目の前の課題解決に必要な具体的な権利——例えば少数民族・先住民族としての民族自治権や伝統文化の保存・継承に必要な文化的権利など——の獲得を目指しつつ、その実現を通じて、人間としての尊厳の回復を究極的に目指している。つまり、人権とは個別・具体的な道徳的権利であると同時に、人間として生きるために不可欠な価値を象徴する観念でもあるのだ。後者は人権の正当化根拠、基層哲学、形而上学的基礎と言われるものにあたる。

私の考えでは、世界各地で自らの生命、社会的地位・評価を危険にさらしてまで、他者のかけがえのない「善き生」の実現に献身する人権活動家達やその支持者の精神的拠り所となっている「人権」とは、個々の実定法上の権利ではなく、「人権」という観念にこめられた普遍的な道徳感情であり、そのような道徳感情を正当化する普遍的理念が実在することへの信念である。

そもそも、すべての人に等しく人権が保障されるという普遍性の原則と、子どもや女性、障碍者や高齢者が特別の保護（＝権利）を必要とすること、すなわち「人権とは平均的なひとを対象としたもので、子どもや障碍者にはさらに特別な権利が必要なのだ」という議論は、厳密に考えると相互に矛盾しているように思われる。

さらに、不可分で、不可譲なはずの人権の中に効力や逸脱可能性の観点から序列が生まれつつある。

これらの矛盾は、人権を「理念としての人権」と個別・具体的な「道徳的権利としての人権」に分けて考えることによって、より整合的に説明できるように思われる。

つまり、「理念としての人権」は普遍的な規範力を持つが、個別・具体的な「道徳的権利としての人権」は他の人権との関係で制約を受けることがあるということである。

本書の構成

本書では、第一章でロベルト・アレクシー、ロナルド・ドゥオーキン、アラン・ゲワースの議論を援用して「道徳的権利としての人権」の存在証明を試み、また高田三郎、森村進、飯島昇藏、井上達夫の主張を参考に「理念としての人権」とは何か、について私の考えを提示した。さらに、人権は、(1)(支援を必要とする人々への特別な配慮を含む)すべての人間が平等な尊重と配慮に値する存在であるという人間観、(2)国家・共同体は一人ひとりの人間が「善き生」を生きるために存在するのだという社会観を前提としていることを、ロナルド・ドゥオーキンや長谷川晃、アラン・ゲワースの学説を参照しつつ論証した。なお、この人間観および社会観自体は、工業化、都市化、グローバル化によって社会が複雑化するにつれて、次第に支配的になる人間観・社会観であり、特殊西洋的なものではないと私は考えている。

第二章では井上達夫の法規範論、マーク・ティモンズの認知主義的表出主義、チャールズ・テイラーの多元的な、頑強な実在論（pluralistic robust realism）を参照しつつ、実在論的表出主義の立場に立って、「理念としての人権」の本質的特質とは個別の人権（道徳的権利としての人権）に「普遍性」「不可分性」「不可譲性」という価値を与える規範力にあり、また「理念としての人権」の規範力の源泉はそれぞれの共同体が有する「道徳秩序構想」にあるという自説を展開した。

「表出主義」とは「典型的な道徳的判断は、記述的信念以外に心理的状態、すなわち欲求や意図、他の動機的事態を表現するために機能する」と主張する立場である。文（sentence）が有意味であるか否かはその文が示す命題（proposition）が分析的であるか科学的に実証可能な場合（記述的）に限るから、道徳判断を示す文（命題）は有意味ではないと主張する論理実証主義に対抗して興った、非認知主義と呼ばれる思潮の系譜にある現代思想の一つの立場である。私の考えでは、道徳ないし価値とは実在するものであり、したがって認知可能であり、ひとはその認知にもとづき自らの道徳的立場を表出するのであり、「人権」とはそのような価値（規範）の一つなのである。

第三章では、一般に人権の根拠とされている「（人間の）尊厳」という観念は、（1）（支援を必要とする人々への特別な配慮を含む）すべての人間が平等な尊重と配慮に値する存在であるという人間観、（2）国家・共同体は一人ひとりの人間が「善き生」を生きるために存在するのだという社会観を正当化する、それぞれの文化に基づく「人権の根拠」構想を総称したものであり、したがって普遍的な「理念としての人権」も、それぞれの文化・言語のもとで異なった正当化が必要とされるという私の考えに基づき、一般に個人主義的と考えられている人権という観念が定着するには、一種の共同体主義が必要とされたことを最新の西洋の人権思想史に関する研究に基づいて論証した。サムエル・モイン（イェール大学教授）の研究によれば、西洋における「人権」という観念の受容は、一九三〇年代から一九四〇年代に支配的であったキリスト教人格主義（共同体主義）によって可能になったのである。

その上で、日本でも、徳川時代の「わたくし」「おほやけ」という表現に象徴される入れ子状の階層意識が、第二次世界大戦を経て人権の想定する人間観・社会観へと変容しつつあることを例証し、さらに人権という観念が前提としているとされる個人主義的人間観が、必ずしも原子論的人間観を前提としていないことを、非西洋社会で支配的とされる自律的かつ相互依存的な関係的自己モデルに関する論考に基づき明らかにした。

さらに、共同体的個人主義を代表する日本の思想家・活動家として賀川豊彦を取り上げ、その思想的バックボーンがキリスト教人格主義と日本の伝統的な民衆道徳である「俠客道」にあることを論証した。

第四章は、第三章での議論を発展させ、明治の自由民権運動における精神的支柱となった「天賦人権論」に呼応した、民衆の「抵抗」「反逆」の思想の精神的土壌は、「義理」という観念に象徴される日本の民衆道徳にあったとする私の仮説を提示した。

「義理」とは、古来日本社会に存在し、世界各地にも普遍的に存在する「信頼への呼応」「好意への返し」という原初的な道徳感覚が、徳川時代に儒教（朱子学）の概念によって言語化されたものである。「義理」は、もともと儒教（朱子学）では「正しい生き方」「正しい道理」を意味する言葉であったが、徳川時代を通じて支配（武士）階級においては次第に形骸化・形式化し、強制的な社会的義務を意味する観念へと変容したが、民衆の間では本来の意味での「義理」が脈々と生き続け、これが明治一〇年代の自由民権運動における民衆蜂起の精神的支柱となったのである。そして、自由民権運動以降も、本来の意味での「義理」は民衆道徳として生き残り、賀川豊彦の社会運動、戦後の公害闘争においても精神的支柱としての役割を果たしたのである。

最後に、日本を含む東アジアにおける「理念としての人権」の正当化根拠として、東アジア共有の精神的遺産である「天理、国法、人情」という政治理念の可能性に言及した。

第五章では、今日的課題として、地球温暖化や国際的な公害問題に対処するための新しい人権概念である「将来世代の権利」を取り上げた。科学技術の発展に伴って、私たちはいま現在世代のみならず、将来世代を視野におさめた新たな人権の必要性に迫られている。二〇一五年九月の国連サミットで採択された「持続可能な開発のための２０３０アジェンダ（２０３０アジェンダ）」、同年一二月にフランスのパリで開催された国連気候変動枠組条約第二一回締約国会議（ＣＯＰ21）で採択された「パリ協定」等も、環境への権利、発展への権利という新たな人権枠組に向けた第一歩である。

本章では、「将来世代の権利」は集団的権利として構成すべきであるとする立場から、人間が人間らしく生きるために最低限必要な自由と福利を保障すべきであるという考えを広く「人権文化」と捉え、現在世代および将来世代においても、「人権文化」がその集団的アイデンティティの中核となることを前提として、人権文化という集団的アイデンティティへの集団的人権（理念としての人権）として「将来世代の権利」を構想するという私の考えを提示した。

このように本書は、人権の基層哲学、日本社会における人権の受容を巡る精神史的課題、国際人権の新たな課題という問題の解明を通じて、現代多文化社会における人権の普遍性を巡る国際的な論争に日本から参画しようとする試みである。(2)

用語について

なお、予め、本書で使用する用語について私の立場を明らかにしておきたい。

国際的な人権を巡る用語には、Universal ないし International という形容詞が付されることが一般的である。

例えば、「世界人権宣言」は Universal Declaration of Human Rights の邦訳であり、近年創設された国連人権理事会による Universal Periodic Review は「普遍的定期的審査」と訳されている。

一般に人権概念に関わる Universal という語は、当該条約ないし宣言または制度の対象が世界すべての地域と人々を対象とすること、ないしはその内容が普遍性を有することを示す形容詞でである。

したがって、Universalな規範概念としての「人権」は、特定国の憲法秩序を前提とする人権概念とは内容的に当然重なる点はあるとしても、研究対象としては独自の領域を形成している。

本書は、上記の意味でのUniversalな人権を対象とするので、「世界人権」ないし「普遍的人権」と表記することが正しいと思われるが、ここでは「世界」という言葉が持っている簡便さをとって「世界人権」を採用した。

また、上記の意味でのUniversalな人権概念として「国際人権」という言葉が一般的に使用されているが、周知の通り「国際（International）」とは、「世界的な」という意味もあるが、政治学・法学的には「複数の国家に関係していること」という意味が強いと思われるので、国家間の合意に基づき、一義的に国家を対象とする法としての国際法とは原理的に異なった、「世界的な」人権規範体系を表現する言葉としては適当ではないと思われる。実際に、「世界人権宣言」起草過程において、「国際（International）」よりもより広く、一般的な意味を持つ言葉として「世界（Universal）」が採用されたという経緯もある。(3)

但し、本書では「国際人権」という言葉が現在の日本では一般に定着し普及しているという理由から、特に国際人権条約に関連する箇所では「国際人権」という用語も使用している。したがって、本書では「世界人権レジーム」ではなく、「国際人権レジーム」という用語を採用する。

ここで、「レジーム」という政治学用語を使用することについても付言しておく。

勝間靖は「国際レジーム」を「国際社会で課題とされている特定の分野において、行為主体（国家、企業、NGOなど）の間で慣習化され、さらに明文化されるような国家規範。それに加えて、その国際規範に関連して制度化された意思決定の手続き」と定義している。[4] 勝間は、レジーム論という国際政治学上の枠組を国際人権論に用いる利点として、（1）グローバルな人権レジームと地域別の人権レジームという、地理的範囲の違う二層のレジーム間の相互作用を見ることによって、国際人権論に新しい視角がもたらされる、（2）子どもの権利レジームと障碍者の権利レジームの間の相互関係を見るというような、複数の人権レジーム間の相互作用を分析できる、（3）国家以外の行為主体を中心とする人権レジームの構築が可能になる、という三点を挙げている。本書は、「地域的・国際人権条約や宣言によって確立してきた人権規範と、その実効的履行を確保するために設けられた国家を含む複数のアクターが参画する多元的・多層的なシステム」に関する規範論的研究を目指すものなので、「国際人権レジーム」が適切な用語であると判断した。

また、subjective right を「主観的権利」ではなく、「主体的権利」と訳することとした根拠は、まず「客観法（＝法規）」と「主観法（＝権利）」という区分自体が必ずしも厳密な概念定義ではないということである。ジャン・ダバンは、（法）規範はその名宛人に客観的なものとして与えられた限りで客観的であるから、主観法とされる権利が規範の創り手に客観的なものとして与えられたという主張をあたまから否定する根拠は何もなく、さらに、本来「主体に賦与された特権」という観念に過ぎない主観法という概念が、「客観法」「主観法」という区分によって、主観主義的・個人主義的・主意主義的解釈を擁するものとして誤って拡大理解される危険性もあると述べている。[5] 一方、チャールズ・テイラーは西洋では近代以前において、ひとは「法の下にある（I am under law）」と考えられていたのに対して、近代以降、権利とはその所有者が（権利を）実現するために、それに基づいて行動すべき、あるいは行動することができる「主体的」権利と考えられるようになったと主張する。[6] 私は、テイラーの主張通り、権利「主体」としての「自己」の観念こそ、西洋近代社会に特有なものなのであり、西洋近代社会において生成・発展した「人権」を含意する概念としては「主体的権利」がより適切であると判断した。「主観的権利」よりも「主体的権利」のほうが実際に広く使われているという今日の日本の事情は、近代以降の「人権」観念の特質を「主体的」という形容詞のほうがよりよく反映しているからであると私は考えている。

注

（1） 芦部信喜は「基本的人権とは、人間が社会を構成する自律的な個人として自由と生存を確保し、その尊厳性を維持するため、それに必要な一定の権利が当然に固有するものであることを前提として認め、そのように憲法以前に成立していると考えられる権利」のことであり、基本的人権の根拠は「人間に固有の尊厳」であると述べている。芦部信喜、高橋和之補訂『憲法』第五版（岩波書店、二〇一一年）、八二―八三頁。

（2） 日本社会における人権の受容を巡る精神史的課題については、二〇〇九年八月に北京で開催された第二三回法哲学社会哲学国際学会連合世界学術大会において私が主宰したスペシャルワークショップにおいて、本書と同様な問題意識に基づく英語による報告を行った。同報告に基づく論文は二〇一二年三月に公刊された同大会紀要に掲載され、二〇一三年七月にブラジルで開催された第二六回法哲学社会哲学国際学会連合世界学術大会の基調報告者の一人であるノルベルト・ホーン教授によって非西洋圏において人権の基礎づけを目指す論考として紹介された。Akihiko MORITA, Difference in the Conceptions of Self as subject of human rights between the West and Japan - Can Confucian Self be strong enough to exercise the positive liberty in the authoritarian society? in Thomas Bustamante and Oche Onazi eds., *Rights, Language and Law* (ARSP-Beihefte, volume 131)(March, 2012).

（3）Paul Gordon Lauren, *The Evolution of International Human Rights - Visions Seen*, 3rd edition, University of Pennsylvania Press, 2011, p. 221.

（4）勝間靖「国際人権レジーム」齋藤純一編『人権の実現』第一〇章（法律文化社、二〇一一年）、二一七頁。

（5）ジャン・ダバン著、水波朗訳『権利論』（創文社、一九七七年）、五頁。

（6）C. Taylor, *Sources of the Self: The Making of the Modern Identity*, Harvard University Press, 1989, p. 14. 下川潔・桜井徹・田中智彦訳『自我の源泉——近代的アイデンティティの形成』（名古屋大学出版会、二〇一一年）、一二頁。なお、右邦訳では、subjective right の訳語として「主観的権利」を当てている。

第一章　「理念としての人権」と「道徳的権利としての人権」

チャールズ・テイラーは、人権規範に関する世界的な合意を目指す手段として、人権を、普遍性を持つ国家に強制可能な行為規範、その正当化原理（基礎づけ理論）、各法体系における法言語としての人権、の三つに分けて議論することを提唱している[1]。

私の主張は、人権を「理念としての人権」「道徳的権利としての人権」に分けることである。そして、「理念としての人権」は、（1）（支援を必要とする人々への特別な配慮を含む）すべての人間が平等な尊重と配慮に値する存在であるという人間観、（2）国家・共同体は社会的存在である一人ひとりの人間が「善き生」を生きるために存在するのだという社会観を前提としており、「理念としての人権」を定着させるには、それぞれの文化・言語のもとで異なった正当化が必要とされると私は考えている。

この提案は、テイラーの三分類にヒントを得たものであるが、現行の国際人権条約や各国憲法の人権条項を対象とする上で、より実用的であると考えている。

例えば、テイラーの「国家に強制可能な行為規範」とは何かを同定するにあたって、それが「世界人権宣言」のような概括的な宣言を指すのか、「政治的及び市民的権利に関する国際規約」「経済的、社会的及び文化的権利に関する国際規約」のような国際人権条約を含むのか、あるいはそれ以外の地域的ないし課題別人権条約や宣言、各国憲法の人権条項まで含まれるのか、その場合に「法的言語としての人権」と何をもって区別するのか、さまざまな課題があるように思われる。同様に、「法的言語としての人権」についても、前実定法的権利とされる「道徳的権利」は含まれるのか、各国の慣習法とされるものは含まれるのか、かなりの概念整理が必要とされるように思われる。

但し、「人権」という観念には「人権の正当化根拠」という側面があるというテイラーの主張には、私も賛同する。実際に、人権活動に携わっている活動家達にとって、異なった文化のもとで「人権」をどのように伝え、その実現を図るかは日常的な問題である。

ただ、人権活動家達は「人権の正当化根拠」自体にコミットしているわけではなく、彼らの行動の源泉は、個々の権利の実現を超えた、「人権」という観念にこめられた普遍的な道徳感情であり、そのような道徳感情を正当化する普遍主義的理念が実在することへの信念である。

つまり、多くの人権活動家達は、理念としての人権は普遍的なものであると感じており、その普遍性への信仰こそ彼らの情熱の源泉であると思うので、「理念としての人権」という用語のほうがより直截かつ実践的であると判断した。

また、子どもや女性、障碍者や高齢者が特別の保護（＝権利）を必要とすること、すなわち「人権とは平均的なひとを対象としたもので、子どもや障碍者にはさらに特別な権利が必要なのだ」という議論は、厳密に考えると人権の普遍的性質と矛盾している。また、不可分で、不可譲なはずの人権の中に効力や逸脱可能性の観点から序列が生まれつつある。

これらの人権の階層化・序列化は「理念としての人権」と「個別・具体的な道徳的権利としての人権」という分類によってより整合的に説明できるように思われる。

つまり、「理念としての人権」は普遍的な規範性を持つが、「個別・具体的な道徳的権利としての人権」は他の人権との関係で制約を受けることがあるということである。

第1節　道徳的権利としての人権

まず、「道徳的権利としての人権」を取り上げる。

そもそも「道徳的権利としての人権」が存在することはどのように論証され得るのだろうか。

また、「道徳的権利としての人権」とはどのような特質を持つのだろうか。

これは理論的にも実務的にもきわめて重要な問題である。

「道徳的権利」とは例えば憲法以前に存在すると考えられる権利のことである。

したがって、憲法あるいは国際人権条約を改正することによって基本的人権は制限し得るかどうかという問いに対する回答は、人権条約や憲法の人権規定を、前実定法的権利である「道徳的権利」を実定法化したものと考えるか、あるいは実定法に書かれていない権利（道徳的権利）はそもそも存在しないと考えるか、によって大きく異なる。

ベンサムやマッキンタイアのように、実定法に先立つ道徳的権利としての人権の存在を否定する者も少なくない。一般に実定法以外に法・権利の存在を認めない立場を法実証主義、実定法以外に超実定法的権威が存在することを認める立場は自然法論と分類される。

予め私の立場を明らかにしておくと、私は道徳的権利は存在すると考えている。つまり、「個人は明確な立法によって創造される権利に先立って、国家に対抗する権利を有する」[2]という立場に立つものである。

ドイツの法哲学者ロベルト・アレクシーは、実定法上の権利は適正に制定され、社会的に意図した効果を生めば妥当性（validity）を認められるのに対して、道徳的権利の妥当性はその正当化可能性（justifiability）にのみ依ると述べている。

アレクシーは、道徳的権利さらに道徳規範一般の正当化理論を、人権の正当化の可能性を否定する「懐疑論」と、正当化可能性を肯定する「非懐疑論」に分け、「非懐疑論」をさらに（1）宗教、（2）直感主義、（3）合意主義、（4）手続き主義、（6）文化主義、（7）解釈主義、（8）実存主義、という八つのアプローチに分類する。アレクシーは、最初の六つのアプローチには強み以上に欠陥が多いとして、七番目の解釈主義および八番目の実存主義的アプローチを採用する。[3]

アレクシーの解釈主義的アプローチは概略、次のような論理構成をとる。

アレクシーの合理的な言説に関する一般理論によれば、我々の発話内容が真ないし正しいことを論証する「言説」が正当なものとみなされるためには、その「言説」が一定のルールにしたがっている必要がある。そのルールには、平等な権利、普遍性、強制の欠如が要求する合理性のルールと正当化のルールがある。

合理性のルールには、（1）対話能力を有する者は誰でも言説の場へ参入できること、（2）誰でもあらゆる主張を問題にする（problematize）ことができること、誰でもあらゆる主張を言説の場に持ち込むことができること、誰でも自らの意見、意思、ニーズを表明できること、（3）（1）および（2）の権利を行使するうえで言説内ないし言説外でのいかなる強制によっても妨げられないこと、があり、これらのルールは個人の権利の無い状態（奴隷状態）とは両立不可能である。[4]

つまり、すべての人々が合理的な言説に参加する権利を持つことを認めることは、すべてのひとを自由で平等な存在として承認していることなのである。そして、すべての者を自由で平等な存在と承認することはその者を自律的存在として認めることであり、それはすべての者を「ひと（person）」として認めることである。そしてすべての者を「ひと（person）」として認めることは、すべての者に「尊厳（dignity）」を帰属させることであり、すべての者に「尊厳」を帰属させることはすべての者に「尊厳」を根拠とする人権を認めることなのである[5]。

アレクシーは以上の論証への反論として、第一に主張、質問、議論という実践に参加しない者には解釈主義的アプローチは適用されないという批判を取り上げている。つまり、主張、質問、議論に参加しなければ言説規則にしたがう必然性は存在しない。アレクシーは、これに対して、これらの実践に参加しないということは、推論する生き物（discursive creatures）としての生のあり方へ参加することを控えるということであり、その代価はきわめて高いものとなり、したがってそのような反論は現実性がないとする。第二の反論は言説と行為の違いと能力と関心の違いに関わるもので、アレクシーは言論の場における推論能力の行使に関心を持つ場合を「正確さに対する強い関心」、言論のみならず行為においても推論能力を行使しようとする場合を「正確さに対する弱い関心」に分けた上で、いずれの関心であれ、正確さへの関心はわれわれが自らの推論能力ないし可能性を受け入れるかどうかという決定と結びついており、それはわれわれが自らを推論する生き物であると考えるかどうか、すなわちわれわれが何ものなのかという実存的問いと結びついている。つまり、われわれが自らを推論能力ないし可能性を有する生き物であるということを実存的に受け入れるのであれば、その解釈主義的帰結としてわれわれは自らを含めたすべての「ひと（person）」を平等で自由な自律的な存在として認めることになり、それは「ひと（person）」を尊厳ある個人、すなわち権利主体としての個人として認めることになるというのがアレクシーの主張である[6]。

アレクシーの議論に対する私の疑問は、人間の言説（discourse）の規則が必ず「人間の自由と平等」を含意すると言えるのだろうか、という点にある。絶対君主制という人間の不平等を前提とする社会制度を正当化する言説が、かつて存在していたことは間違いない。日本の徳川時代の身分制度も、当時は朱子学を中心とする儒教的言説によって正当化されていたのである。

私は、チャールズ・テイラーがハーバーマスを批判して述べたように、合理的理性に基づく討議倫理がひとの道徳的行為の究極的な規制原理ないし根拠となり得るとは考えていない。ひとは歴史的、文化的に異なった環境のもとで育ち、そのような環境を「共同体」と呼ぶことの是非はともかく、特定の文化的・精神的文脈の中で「自己」を形成することは間違いがない。そして、ひとの行為（action）、つまり何らかの自由と意思に基づく行動（behavior）には理性的な意味づけという次元も確かに存在するが、同時に特定の文化的・精神的文脈に深く根を下ろした広い意味での道徳感情を伴った一つの志向性、世界に対する姿勢に基づいている。

また、それぞれの文化的・精神的文脈は超歴史的な普遍的性質を持つわけではない。社会の生産性がきわめて低く、共同体内の相互扶助と自己犠牲が生存のために最優先だった時代には、個人主義は適切な行動原理ではなかったであろう。しかし、工業化、都市化、国際化によって、人間関係が空間的に拡大すると同時に多様化、多元化し、ひとの移動がより頻繁に行われるような社会では、ひとは一般に他者志向的、集団帰属的倫理から、自律的な、そしてより普遍的な原理に基づいて行動するようになる。しかし、その経路と現状はそれぞれの文化によって異なっているであろう。

つまり、アレクシーの議論は、近代化された一定水準以上の生産性を有する社会を前提としており、しかもそのような社会が唯一の文化・伝統を共有している、少なくともそのような普遍的文化に向かって世界が収束しつつあることを暗黙のうちに想定しており、例えばドイツと日本と中国とインドがまったく異なった文化的伝統のもとで近代化を実現してきたという歴史的事実を十分に考慮していないと考える。

例えば、インターネットの普及に代表される情報通信技術の発展は世界を文化的、言語的に均一化すると想定されていたが、実際には携帯などの分散型通信機器の普及によって世界は個別の文化、言語を顕在化させる方向に向かっている。今日、世界は逆に多文化、多言語、多信条社会化に向けて急速に変容しつつある。四つの公用語があるルクセンブルクでは、移民の子ども達が急増して子どもデイケアセンターでは二〇カ国語が飛び交い、子ども達の間そして子どもと職員とのコミュニケーションすら困難な「バベルの塔」状況が日常化していると言われている。日本社会ですら、観光地では日本語、英語、中国語、ハングルが併記された案内表示が一般的になっている。

アレクシーの正当化の議論は、世俗化という特殊な経験を経た、神の代わりに理性を絶対視する西洋文化にその正当化の根拠を置く、特殊な議論なのだというのが、私の評価である。

但し、すべての「ひと（person）」を平等で自由な自律的な存在として認めることは、「ひと（person）」

を尊厳ある個人、すなわち権利主体としての個人として認めることになるというアレクシーの論理について、少なくともその逆、すなわち、すべての「ひと」を尊厳ある個人として認める社会は、すべての「ひと」を平等な尊重と配慮に値する存在として認める社会である、ということが言えるのは間違いない。テイラーが主張するように、「尊厳」は近代化に伴う階層的社会秩序意識の衰退に伴い、社会的地位に依拠する観念である「名誉」に代わって発展した普遍的で、平等主義的な意味の観念であり、その基本的前提は全ての人が共有するものということだからである。[7]

ロナルド・ドゥオーキンも、市民が法によって現実に付与された権利とは独立した、ある種の道徳的権利を有していると主張する。[8]

ドゥオーキンは、権利を「背景的権利」「より個別の制度的権利」「法的権利」に区分し、これらの権利の中で最も根本的な権利を「平等な配慮と尊重に対する権利」と呼ぶ。「背景的権利」とは共同体ないし社会が全体として下した決定に対抗して主張しうる、抽象的な形態の「権利」、「より個別の制度的権利」とは個別の制度によって下された決定に対抗しうる「権利」、「法的権利」とは裁判所が判決を下す際の当該判決に関わる「権利」である。[9]

ドゥオーキンは、例えば米国憲法の人権条項を道徳的権利の一部を実定法化したものと捉えているから、「背景的権利」「より個別の制度的権利」「法的権利」のいずれもが道徳的権利でもあり得ると考えているように思われる。

実際にドゥオーキンは、少数派が法的には否認されている道徳的権利を主張したり、憲法によって保護されていないと一般に認められる道徳的権利を主張することができることを認めている。個人の良心にしたがった結果、実定法上の法に違反する行為をとることが正しいこともあり得るという考え方は、個人の理性的判断を実定法秩序の安定よりも重要と見做す価値観の反映である。

これは、自然法の考え方そのものである。

自然法とは、神の似姿として創造された人間に対して神によって与えられた、したがって、人定法に先立つ、人間の理性によって知覚し得る道徳法ないし道徳規範であり、元来、正しい行為を指示し、不正な行為を禁止するものと考えられていた。(10)

そして、人権とは、自然法という観念から派生した自然権の継承概念である。

ラッツィンガー枢機卿(前ローマ教皇ベネディクト一六世)は、自然法を「特にカトリック教会において、世俗社会および他の宗教諸派との対話にあたって、共通の理性に訴えかけ、世俗化した多元的社会における法の倫理的諸原則について合意しあうための」道具であったと述べ、「こうした自然法の、少なくとも近代における最後の要素として残っているのは、人権である」と述べている。(11)

亀本洋は、価値相対主義と文化相対主義の違いを解説して、多様な文化を均しくそれぞれ尊重するという文化相対主義に対して、価値相対主義は、西洋やイスラム圏のような一神教文化圏においいて存在する「神の存在を信じる」という信仰の世俗版として道徳問題にも唯一の真理があることを信じる「認知主義」と、表裏の関係にあるものと説明している。亀本はロールズの「善の構想」とは、本質的に「神のもとでよく生きる」ということであり、ロールズの正義論は、「日本や古代ギリシアなど、多数の神々を信じる、あるいは、信じなくても気にしない文化圏は入ってこない」と述べている[12]。

私は、ドゥオーキンの提示した「道徳的権利」は、キリスト教とストア主義の伝統から生成した自然法論を暗黙の文化的前提にしていると考える。

より正確に述べると、「道徳的権利としての人権」が前提としている「理念としての人権」には多様な正当化根拠があり得るが、ドゥオーキンの人権論は米国法文化を前提としていると思うのだ。実際にドゥオーキンは、ある者が特定の行為をとる権利（right）があるということと、彼がそれを行うことは「正しい（right）」と述べることには明白な相違があり、ある者が自らの良心にしたがった結果、法に違反することは時に不正ではないことを、米国社会の保守派もリベラル派も認めていると述べている[13]。そのうえで、ドゥオーキンは「我々の社会において、人は、しばしば法に従わない強い意味での権利を有し、政府に対する彼の権利を法が不正に侵害する場合、彼は常にこの権利を有することになる[14]」と主張している。

但し、米国法文化を前提としていることが、ドゥオーキンの人権論を価値的に相対主義的なものにしているとは私は考えていない。

詳細は第二章で展開するが、ある集団が一人称の立場でコミットしている道徳体系は、彼らの集団内においては普遍的であり、もしその道徳体系がより広い、人類を対象とした道徳体系と整合的であれば、それは少なくとも人類のレベルにおいて文脈的普遍性を持っていると言い得る。
私は、H・L・A・ハートが述べたように、（i）人間の傷つきやすさ、（ii）（人間の）おおまかな平等性、（iii）（人類の）限られた利他性、（iv）限られた資源、（v）（人間の）限られた理解力と意志の強さ、という人間の共通の条件から、「人々が共に生き続けるという最小限の目的」を実現するため必要とされる規範のうち、権利としての形態を取るものが「道徳的権利としての人権」なのであると考えている。[15]
ハートは、また、憲法に関わる法律家や法に対する個人主義的な批判者にとって、権利という観念の中核とは、個人の選択でも、個人の利益でもなく、個人のニードなのだと述べている。[16] つまり、マイケル・イグナティエフが主張するように、人間の普遍的ニーズが人権の根拠なのである。
しかし、権利という言語は個人が集団に向かって、あるいは集団に抗して掲げる要求を言い表したり、国家権力に対して厳しい制限を課す理念としては有効であるが、同時に「個人が個人として必要としているものを完全に数え上げる」ことは出来ないのであって、[17] 多くの社会が権利として承認する普遍的・基礎的ニーズが存在する一方で、人間は生きるためにこれらの普遍的ニーズ以上の個人的ニーズを充足させる必要があり、それらのニーズの充足は権利として要求するには馴染まないものも少なくない。この普遍的ニーズ以上の個人的ニーズ（愛情を求めるニード等）

に関わる人間の行為に関する道徳は、「道徳的権利としての人権」が対象とするものではない。

さて、本題に戻って、人間の普遍的ないし基本的ニーズを根拠とする「道徳的権利」が存在することはどのように論証され得るのだろうか。

私は、ここでイグナティエフの「人権は人間の行為者性（agency）を保護するものである」という主張に注目したい。

人間を「行為（action）」する者として捉える見方は、アラン・ゲワースによって提示されている。ゲワースは、共同体と権利は相互に支え合うものであると主張し、その主張を以下の通り論証している。(18)

人間とは行為する者である。

人間の行為の特質はその目的志向性と自発性にある。

目的志向性と自発性を持つ人間は、行為を実現するために一定の自由と福利を必要とする。福利とは一定の自由を行使するために必要な諸条件である。

福利は、生存、身体的健康、精神的安定などの「基本的福利」、目的を引き下げることなく実現するために必要な一般的能力と具体的な行為のために必要な能力を指し示す「縮減不可能な福利」、実現を目指す目的水準や具体的な行為のために必要な能力を向上させるために必要な、自尊感情、教育、富や収入を獲得する機会である「付加的福利」、と分類できる。

ゲワースは、どのような福利が必要とされるかは時代と環境によって異なるが、ひとが自らの目的を達成するために、ある種の教育やその他の付加的福利を必要とすることは自明であると主張し、したがって自由と福利は行為にとって不可欠の条件であると結論する。

ゲワースは、付加的福利そして福利全般にとって重要な要素として共同体を挙げ、その理由として以下の通り述べている。[19]

第一の理由は手続き的なものである。協力的な共同体のメンバーであることは個人の目標達成により有効である。明らかに、ひとがその目的を実現するために必要な能力や条件を獲得するのは、庇護的な共同体に生まれ落ちることを通じてのことなのである。この意味で、共同体は自己目的の実現のための手段なのである。第二の理由は「ひとは生まれついて(by nature)社会的生き物である」というアリストテレス的主張に典型的に示されるように、構成的なものである。この「生まれついて」は初期の段階のみならず最終的段階においても適用される。すなわち、ひとは安定した規律ある秩序の中で他者と関わり合うなかで、また関わり合うことのよってのみその人間性を完全に発達させることができるのだ。そのような関わり合いは他者の関心事に対する関心と考慮を伴っている。

ゲワースは以上の理由から、共同体が権利の対象であるところの個人の関心事(利益)を保護するものであり、このことが権利と共同体が調和的であることの基本的理由を示していると述べている。

ジョセフ・ラズは、以上のゲワースの権利論に対して、ひとが自らの目的を実現するために不可欠な条件を、それらの条件に対する権利として主張することなく、あるいは権利を持つことなしに、獲得することができることを無視していると批判している。[20]

確かに、世の中には権利として要求する対象として適切ではないニーズが存在する。愛情や尊敬を得たいというニーズは、権利として要求することは相応しくない場合が多いように思われる。一方、例えば家庭内暴力が常態化しており、親からの愛情を含む最低限のケアすら受けられない幼児がシェルターに保護された場合、適切なケアを得たいというこの幼児の欲求（ニーズ）はパターナリスティックな庇護の措置理由としてより、本人の成長の権利という主体的権利の要求の根拠として理解したほうが適当ではないだろうか。

またラズは、ひとが自らの目的を実現するために不可欠な条件の実現を求める上で、権利が不要であると主張しているわけではない。ある種のニーズ、とりわけ基本的・普遍的ニーズへの要求は権利言語に馴染むと言えるように私には思われる。

ゲワースは「自己利益を追求する人間は人権という考え方を受け入れる」という自らの主張について、以下の論証を提示している。[21]

（1）ある人間が、目的EのためにXという行為を行う。

（2）（1）から、行為者である人間は「Eは善いことである」ことを認めているに違いない。

ゲワースは、この「善いこと」とは単に行為者がその行為の目的は少なくとも彼にとってその達成を試みる十分な価値があることを意味し、道徳的な意味での「善さ」ではないと付け加えている。

（3）自由と福利は、行為者が自らの目的の実現のために行動するための近似的な意味で不可欠な条件なので、（2）を受け入れた者は、「私の自由と福利は不可欠な財（goods）である」ことを受け入れるはずである。

（4）したがって、同様に「私は自由と福利を持つ必要がある」ことを受け入れるであろう。なぜなら、この命題は実践的・指示的なものであり、その意味するところは、行為者が自らの目的の実現のために自発的に行動するのに必要な条件を持つことを承認し、その獲得のために働きかける（advocacy）ということだからである。

（5）（4）を受け入れる者は、「私は自由と福利に対する権利を持つ」ことを受け入れる。

この点について、ゲワースは以下の論証を提示している。[22]

もし、彼が（5）を受け入れなかったとすると、請求権としての権利とその厳格な「すべき」の対応義務として、彼は（6）「彼以外のすべてのひとが少なくとも私の自由と福利を取り上げたり、介入することは控えるべきである」ことも拒絶しなければならない。（6）を拒絶することによって、彼は（7）「彼以外の人びとが私の自由と福利を取り上げたり、介入することができる」ことを受け入れることになる。(7)を受け入れることによって、彼は(8)「私は自由と福利を持たない」ことを受け入れることになる。しかし、(8)は(4)と矛盾する。したがって、すべての行為者が(4)を受け入れなければならないとすれば、彼らは(8)を拒絶しなければならない。(8)は(5)の否定から導かれているから、(8)を拒絶する者は(5)「私は自由と福利に対する権利を持つ」を受け入れなければならない。

ゲワースは、「自由と福利に対する権利」を「一般的権利(generic rights)」を名づける。ゲワースはさらに(9)「私は予期される目的志向的な行為者(prospective purposive agent)なので、自由と福利に対する権利を持つ」という命題を提示する。ゲワースは、ここで論理学上の普遍化原則を提示する。すなわち、Sがある性質Qを持つがゆえに(十分条件)、述語Pは主語Sに属しているとされる場合、その他すべてのS(S_1~Sn)にもPは属することになる。この論理法則に基づき、ゲワースは(9)を受け入れる者は、(10)「すべての予期される行為者(prospective agent)は自由と福利に対する権利を持つ」を受け入れると主張する。ゲワースは、(10)はすべての行為者の他のすべての行為者に対する指示的要求なので、論理的に、すべての行為者は(11)「あなた自身およびあなたの受益者の一般的権利にしたがって行為せよ」という道徳原理を受け入れると述べ、この道徳原理を「一般的整合性の原理」と名づける。[23] ゲワースによれば、すべての者には現存の行為者、予期される行為者、潜在的な行為者が含まれるから、権利は「道徳的権利」と見なされることとなる。

人間が生きるために最低限の自由と福利を必要とすることは間違いない。その内容はそれぞれの時代と環境によって異なるが、十分な栄養とケア、教育、暴力からの保護等は明らかに人間が品位ある生活を送る上で不可欠の条件であることは議論の余地がないことのように思われる。また、それらの基本的条件はそれらが生存に不可欠な普遍的なものであればあるほど、時の権力者や行政担当者、ボランティア組織の一方的善意に依存することなく、それぞれの個人の主体的権利の対象として保障されることが望ましいことは間違いない。

したがって、ゲワースが主張するように、ひとは自らの「善き生」を生きるために一定の条件(自由と福利)を必要とし、そのことを受け入れる者は必然的に自分以外の他者にも同じような条件に対する権利があることを受け入れることになるから、結果的にすべてのひとを平等な尊重と配慮の対象として認め、同時に社会や組織は一人ひとりがかけがえのない「善き生」を生きるために存在するのだという命題を受け入れることになる。

こうして、「道徳的権利」の存在を認めることによって、「開放的最小限主義」を支持することが可能となる。井上達夫は、人権に関する倫理的な最小限主義(minimalism)を「少なくともこの権利群は人権として尊重すべきである」という「開放的最小限主義」と、「この権利群のみを人権として尊重すべきである」という「排除的最小限主義」に分類し、「開放的最小限主義」は当の権利群以外にも人権が存在するという主張を放棄することなく、当面対象となっている権利群を人権として承認できると述べている。(24)

人権は第一世代の市民的・政治的権利、第二世代の社会的・文化的・経済的権利に加え、今日では平和的生存の権利、環境への権利、発達の権利、さらに集団的人権などの新たな権利群、権利概念が生まれつつある。

したがって、「開放的最小限主義」は実際上も、そして理論的にもより適切な立場であり、ドゥオーキンの議論から明らかなように、「道徳的権利としての人権」論は、実定法以外の人権の存在を承認するから、「開放的最小限主義」も受け入れることになる。

それでは、「道徳的権利としての人権」の一応の（prima facie）権利群として何が考えられるであろうか。

私は、アレン・ブキャナンが主張するように、基本的人権のリストは哲学的探究のみではなく、世界の各地における具体的状況を踏まえて確定すべきと考えるが、(25) ロールズが『正義論』で提示した「正義の二原理」、すなわち（1）基本的な自由に関しては全員に平等な権利を賦与する、（2）社会的・経済的不平等は、①機会の公正な平等という条件のもとで全員に開かれた職務と地位に伴うもので、②社会のなかで最も不利な状況にある構成員にとって最大の利益になること

（格差原理）という原理のもとでのみ容認される、という二つの原理から必然的に導かれると思われる、市民的・政治的権利（第一原理）および経済的・社会的・文化的権利（第二原理）は、「道徳的権利としての人権」の「一応の権利群」に含まれると考えている。

ロールズは、第一の原理に含まれる基本的自由として、（1）思想の自由と良心の自由、（2）政治的諸自由（例えば、政治に参加し投票する自由）と結社の自由、（3）人格の自由と（身体および心理的）統合性によって説明されうる各種の権利と自由、（4）法の支配によって包含される各種の権利と自由を挙げている。「一応の権利群」には、これらの権利と、第二原理から導かれる、最低限の品位ある生活を維持するために必要な経済的・社会的・文化的権利を含むであろう。

なお、第二原理は井上達夫が指摘するように、社会のなかで最も不利な状況にある人びとの境遇最善化のための負担を、それ以外の社会階層の人びとの間にどのように配分するかについて明確な指針を示すことができないという欠陥があることには留意すべきである[26]。格差原理は少なくとも、井上が提唱する人間の品位保持に必要な最低限の生活水準を万人に保障する「尊厳最低限保障（decent minimum）」原理によって補完される必要があると思われる。

さらに、ロールズは、『正義論』改訂版で、「ロールズの正義の構想は『政治活動と他人への奉仕を人生の主要な善として高く評価し、そして、このような活動のための機会をたんなる物質的な財や満足と交換することに耐えられないような公共心に満ち溢れた市民』という特定の道徳的人間観に依拠している」とするH・L・A・ハートの指摘を受け入れ、自らの正義構想が特定の理想を体現する道徳的人間観に依拠していることを認めている。そして、そのような市民は自己利益の追求を超えたより高次の利害関心を持つようになると想定していること、そして市民がより高次のニーズを持つようになるためには正義感覚と善の構想への能力（二つの道徳的権能）を発達させ、適切に行使できるようになる必要があり、「基本的な権利と自由およびそれらが他の基本財に優先すること（their priority）」こそが、そのような市民を育む社会的条件を平等に市民に保障するものなのだと述べているから[27]、発達の権利も「一応の権利群」には含まれると考えるべきであろう。つまり、ジョセフ・ラズが指摘するように政治的・市民的権利の尊重は民主的社会の当然の前提であることから[28]、民主教育への権利としての発達の権利は当然「一応の権利群」に含まれるべきである。

第2節　理念としての人権

それでは、「理念として人権」とは何か。

私の考えでは、「理念としての人権」とは「道徳的権利としての人権」という規範言語体系が「指し示している」、個別・具体的な「道徳的権利としての人権」を普遍的、不可分、不可譲なものと観念させる、より高次なレベルの道徳的な力のことである。

つまり、現実世界（一階のレベル）にあって様々な制約に服する個別・具体的な「道徳的権利としての人権」を、その制約にもかかわらず、普遍的で、不可分で、不可譲なものと観念させる、「道徳的権利としての人権」より高次な次元（二階のレベル）に存在すると認知されている規範力（道徳的力）である。

しかし、「理念としての人権」は、いわゆるプラトン的な観念論上の超越的概念ではない。「理念としての人権」は、個別的・具体的な「道徳的権利としての人権」という一階の規範概念が「指し示している」より高次の次元（二階のレベル）に存在する、個別・具体的な人権を正当化する、実在する規範力なのである。

また、「理念としての人権」は、ロナルド・ドゥオーキンが提示した（「ルール」に対する）「原理」ではない。あえて言えば、ドゥオーキンの「原理」が「指し示している」、その原理を正当化するより高次の力が「理念としての人権」なのだと私は考えている。

基本的人権として各国憲法や国際人権条約に記されている表現の自由や幸福追求権は、いわば「理念としての人権」が現実世界に自らを現す際の個別的、具体的概念である「道徳的権利としての人権」を実定法化したものなのだ。

つまり、各国憲法あるいは国際人権条約に記された生命への権利、思想・信条の自由や表現の自由、最低限の生活水準を享受する権利は「道徳的権利としての人権」が実定法化されたものなのだ。したがって、これらの実定法化された「道徳的権利としての人権」が相互に競合関係に立ったり、法的効力において序列化されることがあることは当然である。

それでは、「理念としての人権」の特質とは何だろうか。

「人権」は一般に近代自然権の継承概念であると考えられている。「自然権」という用語が初めて現れるのはアリストテレスの『ニコマコス倫理学』であると思われるが、同書の邦訳者である高田三郎は注釈の中で以下の通り述べている。[29]

直訳して「自然本性的な正」（ト・フェシコン・ディカイオン）なるものはラテン訳では iustum naturale ないしは ius naturale とされた。ius naturale は「自然法」とも邦訳されるが、それはむしろ、「自然本然の権利」という意味を有している。「過少に甘んじること」「不当な取り扱いに満足すること」をもってむしろ悪徳に擬したアリストテレスにとって、こうした意味関連は決して不自然ではないであろう。してみれば、「基本的人権」という理念は、古代奴隷制の社会的条件の制約の下にではあるが、アリストテレスの正義論にまでその淵源を遡ることができよう。

森村進は、J・L・マーキーの『倫理学』を引用して、ひとがその行為を決定するにあたって究極的に従う「一般的で、あらゆるものを含んだ行動の理論」である「広義の道徳」と、「本人以外の人々の利益を守ることを主要な任務として、本人が自分の自然な傾向のままに行動することを制約する」「狭義の道徳」を分け、「狭義の道徳」とは他者との間の行為の制約原理であると解説し、すでにアリストテレスが個人的な徳としての正義である「ディカイオシュネー」（「正義」の徳）と区別された行為の属性としての正義「ト・ディカイオン」を論じていると解説している。[30]つまり、「ト・フェシコン・ディカイオン（自然本性的な正）」とは、社会的存在である人間の行為行動に関する制約原理なのだ。

この点に関して飯島昇藏は、レオ・シュトラウスの *Natural Right and History*（1953）に関する論考のなかで、同書のタイトル邦訳として従来の『自然法と歴史』（藤原保信）『自然権と歴史』（藤原保信、塚崎智、石崎嘉彦）に対して、西永亮が選択した『自然的正と歴史』を選好する理由として、「シュトラウスが格闘した natural right の問題は、そのライヴァルである the divine law との対決の中でしか正しく理解されない」「シュトラウスにとって自然的正 natural right とは、哲学（知を愛すること）――人間が自然的力によって、神の啓示によって支援されない自律的な理性によって、真理を探究する生き方が正しい生き方であるかどうかという問いそのものである」という西永の解釈を承認し、以下の通り述べている。[31]

natural right、少なくともその古典的な形態におけるそれは、正しい生き方そのもの the right way of life が、conventional なものであるのか、それとも普遍的に承認される正しい生き方、すなわち、「ここ」と「いま」を超える、自然的正しさをめぐる問いであった。それは（時間的にも、重要性においても、そして尊厳においても）第一次的には「自然的」権利の問題ではなく、「自然的」正しさをめぐる問いであった。

つまり、「理念としての人権」とは、理性によって認知し得る、「自然本性的な正しさ」としての社会的制約原理、行為の規範原理を意味する観念の一つなのだと一応定義できるように思われる。(32)

それでは、他者との関係を規制する規範としての「理念としての人権」はどのような特質を持つのだろうか。

井上達夫は、法と強盗の脅迫との違いとして、法は「規範的妥当クレイム（主張）」、つまりそれに従うのが正当であるというクレイム（主張）を包含していることを指摘している。

さらに、井上は、「窓を開ける」という行為を例として、親が子に「窓を開けなさい」と言う場合は「命令」、友人に対して「窓を開けなさい。新鮮な空気を吸えば気も晴れますよ」という場合は助言ないし提案であるが、両者に共通している意味、つまり「窓を開ける」という行為を指示したものが「命法」であると整理した上で、「べきである」「してよい」「してはならない」等の表現を含む文であるところの「規範」と「命法」の違いを以下の通り説明する。(33)

「何をすればよいか」という問いに対して「これをせよ」と答えること自体は単なる命法をもってなし得ることであり、当為ないし規範的判断の固有の任務は「これをせよ」が果たして正当か否かについての反省作用を定式化することである。

井上は、規範と命法の相違を「理由による支持可能性への論理的コミットメント」[34]の有無にあると整理したうえで、その区別に関する説明理論として、(1)規範を理由言明に還元する分析、(2)普遍化可能性による分析、(3)命法の正当化の見地からの分析、の三つを挙げ、カスタニェーダの議論を踏まえて第三の理論を目下利用しうる最善のものの一つとして、以下の通り述べている。[35]

規範は、それに対応する命法に一定の正当値を帰する二階の言明が、メタ言語で述べていることを、対象言語のレヴェルにとどまりながら「指し示し」ているのである。[36]

そのうえで井上は、カスタニェーダの分析が妥当するのは行為当為型規範のみであり、事態当為型規範にはより広い理論的枠組が必要であるとして、[37]そのために「可能世界の意味論」を導入する。

井上は、「必然的に…である」「…は可能である」という必然性や可能性を扱う論理である様相論理に対して、「可能世界の意味論」が与えている解釈システムと構造的にパラレルな解釈システムを「…であるべきである」「…であってよい」という規範論理について構成することを試み、このシステムのもとでは事態当為型規範にも真偽を問い得ることを論証した上で、[38] 以下の通り主張する。[39]

現実世界がそれとの対比で評価される可能世界は多元的であり、規範（現実世界において真である規範）はかかる多様な可能界（引用基準）に共通する何かに関わっているという観点が、規範的真理の基礎に関するあらゆる哲学的解釈によって共有されるべきことをこの分析は示しているのである。

井上の法規範論については近年、安藤馨による批判と井上による応答が行われたが、安藤も井上が提示した可能世界意味論的アプローチが行為当為型規範にも事態当為型規範にも「真理値を帰属することを妨げないことを井上は確認する」と評価している。[40] 本書でも、井上の議論を基本的に承認した上で、議論を進めることとしたい。

さて、以上の井上の主張を援用すると、例えば「何人も、奴隷にされ、又は苦役に服することはない。奴隷制度及び奴隷売買は、いかなる形においても禁止する」（「世界人権宣言」第四条）は、「何人も、奴隷にされ、又は苦役に服することはない」という理想状態を表明する事態当為型規範と「奴隷制度及び奴隷売買は、いかなる形においても禁止する」という行為当為型規範を含む規範命題であると解釈することができる。

したがって、規範命題としての「世界人権宣言」第四条は、奴隷制度および奴隷売買を禁じる具体的人権規定に対して、それが正当か否かについての反省を常に要請する役割を有していると表現できるように思われる。

つまり、「理念としての人権」とは、具体的な個々の人権規定に対して、その正当性を常に反省することを要請する規範的位置を占めると定式化できるように思われる。具体的には、個別具体的な人権規定が正当化可能な根拠に基づいて制定されたものなのか、あるいは正当化可能な形で解釈され適用されているのか、関係者に対して絶えず反省を求めるものが「理念としての人権」であると言えるであろう。

「理念としての人権」とは、また個別具体的な人権の創造、解釈、適用および人権保障制度の創設と運用において、それが正当か否かの検討を関係者に要求し続けると同時に、その前提であるところの人間観、すなわちすべての個人に自らが平等な配慮と尊重に値する存在であることを絶えず想起させる道徳原理なのだ。(41)

さらに、「理念としての人権」は価値相対主義に与するものではない。

現代多文化・多信条社会において、異なった信条・価値観を有する個人・集団が共存するためには、何らかの文化相対主義の立場を取らざるをえないことは明白である。しかし、文化相対主義は価値相対主義を意味するわけではない。つまり、「理念としての人権」の規範的価値が、文化によって相対的であることを意味するわけではない。私は、「理念としての人権」は西洋近代社会で誕生した歴史特殊なイデオロギーであり、その意味で近現代社会に特有なものであるが、固有の「善の構想」と共感をもった人格を持つ個人を想定する近代社会であればどこであれ受容され得るという意味で、文脈主義的な普遍性を有する規範であると考えている。

私は、またアラン・ゲワースが論証した通り、社会（共同体）は権利の対象であるところの個人の関心事（利益）を保護するものであり、社会（共同体）は社会的存在である個人の利益を保障するために存在するという意味で個人と社会は相補的・調和的なものであると考えている。また、ここでの「個人」とは「平等な尊重と配慮に値する存在」としての人間観を指し示している。

この「（支援を必要とする人々への特別な配慮を含む）すべての人間が平等な尊重と配慮に値する存在であるという人間観」は、ロナルド・ドゥオーキンがもっとも根本的な抽象的権利として提示した「平等な尊重と配慮を受ける権利」、および長谷川晃の議論からヒントを得たものである。ドゥオーキンの「平等な尊重と配慮を受ける権利」については、この平等原理についてドゥオーキン自身がその正当化根拠を明示しなかったとの批判がある。[42] つまり、抽象的権利と呼ばれる権利概念にも、それに先立つ形而上学的（道徳的）基礎が必要なのではないかということである。

この点については、長谷川晃がドゥオーキンの形而上学的基礎として、その倫理的個人主義を挙げ、その特徴を（1）誰もが等しくその生を考慮されること、（2）誰もが自己の生については自己責任を有することと整理している。[43]
また、「平等な考慮への権利」についてはH・L・A・ハートが『法の概念』において参照文献として提示し、自らも寄稿者の一人であった『社会原理と民主国家』第五章「正義と平等」が概略以下の通り解説している。[44]

規範原理としての「平等」とは、人間を人間性などの特定の属性を根拠に等しく扱うことを要求する指令的な性質を持つものではなく、「十分な根拠が示されるまで、いかなる者も他者よりもより良い扱いを受けることを要求することはできない」ことを要求するものなのである。唯一の普遍的権利は「平等な考慮への権利」のみである。この権利は、通常の意味での権利ではなく、その存在を法への言及によって確立することはできない。なぜなら、この権利は、「(法の)一般的適用の法則」という法の観念と、裁判官が判決に至るために法準則を適用し関連する証拠を審査するための手続きによってその存在が予め想定されているものであるからである。

つまり、「平等な尊重と考慮への権利」とは、ある法体系が公正なものであれば当然満たすべき規範的前提条件であるということである。
私は、「全ての個人が平等な尊重と配慮に値するという権利」は、長谷川晃が指摘するように、倫理的個人主義を前提としており、したがって特定の人間観と社会観を想定していると考えている。つまり、倫理的個人主義はすべての人間が平等な尊重と配慮に値する存在であるという人間観を前提としている。

そして、ゲワースの議論からの論理的帰結である「社会（共同体）は社会的存在である個人の利益を保障するために存在する」から、「国家・共同体は社会的存在である一人ひとりの人間が『善き生』を生きるために存在する」という社会観が導かれる。

実際に個人の使命が君主や神のために身命を捧げることであると信じられている集団主義的社会において、倫理的個人主義が発達し受容されるとは思われない。また、そのような社会では社会的立場ないし社会の共通目標に対する貢献度によって個々の人間の存在価値は決定されるから、それぞれの個人が自らの「善き生」の構想を決定し、その実現に向けて努力する生き方が容認されることはないであろう。例えば、オリンピックが国威発揚の場であると広く信じられている社会では、オリンピックで優勝できる資質を持ちながら、ゲームソフトの開発にはまり込んでいる若者は非国民ということになるだろうし、自分が望みもしないスポーツの練習を国家のために強いられるような社会において「自己の生に自己責任を負う」ような生き方は望めないであろう。

したがって、「人類社会のすべての構成員の固有の尊厳と平等で譲ることのできない権利とを承認することは、世界における自由、正義及び平和の基礎である」（「世界人権宣言」前文）という考え方を受け入れた社会は当然、（1）（支援を必要とする人々への特別な配慮を含む）すべての人間が平等な尊重と配慮に値する存在であるという人間観、（2）国家・共同体は社会的存在である一人ひとりの人間が「善き生」を生きるために存在するのだという社会観、を持つようになると私は考えている。

この点を巡る日本の現状分析は第三章において取り上げる。

なお、「理念としての人権」という人類のレベルで普遍的な道徳原理が個別の道徳体系のもとでどのように正当化されるかは、また別の問題である。

先述のラッツィンガー枢機卿は、「ひょっとして今日では、人権についての考えは、人間の義務と人間の限界についての教えによって補わなければならないかもしれない。こうした問いをめぐる対話は今日では、異文化交流的に解釈し、かつ設定されたものとなれなければならない。キリスト教徒にとってはこうした対話では、被造物と創造主の問題が重要となるであろう。インド世界ではこれに対応するのは『ダルマ』、つまり存在の内的な掟であり、中国の伝統では天の秩序という理念であろう」[45]と述べている。

私は、「道徳的権利としての人権」を正当化する、より高次な規範力を「理念としての人権」と定義することを提案したが、「理念としての人権」の道徳的源泉はそれぞれの文化によって異なり得ると考えている。

私は、「理念としての人権」の道徳的源泉を、「神」「ダルマ」「天理」あるいは「理性」といった文化毎に普遍的と考えられる根源的概念に求めるほうが、「人権」という普遍的観念が個々の文化に「土着化」する上では有効であると考えている。

普遍的な規範性を持つ「理念としての人権」の道徳的源泉を「ダルマ」や「天理」に求めることのメリットは、第一に非西洋社会で見受けられる「人権」という言葉に対する距離感や拒絶感を、このアプローチは回避することができるということである。そして、第二にこのアプローチは「人権」に対する人びとのコミットメントを確かなものにする。人権はしばしばきわめて急進的かつ広範囲な社会変革を要求するものであり、そのような変革は当該社会が深い共感を伴った正統性の感覚を人権という観念に対して持たない限り実現しない[46]。

マイケル・フリーデンは、基本的権利に関する満足のいく理論は、

(1) 哲学的次元において必要な合理的・論理的基準を満たすこと、

(2) イデオロギー的次元における最小限の合理性を持ち、情緒的・文化的に魅力ある言葉で表現されていること、

(3) 法的次元で、強制可能な行為のコードに翻訳可能であること、

という三つのテストに合格する必要があると述べているが[47]、非西ヨーロッパ圏における「理念としての人権」の正当化根拠も上記の条件を満たす必要がある。

日本において、人権はどのように正当化され得るのか、はそれ自体大きな課題であるが、この点については、第四章で取り上げる。

注

（1）Charles Taylor, Conditions of an unforced consensus on human rights' in Joanne R.Bauer and Daniel A. Bell eds., *The East Asian Challenge for Human Rights*, Cambridge University Press1999, p.129.

（2）Ronald Dworkin, *Taking Rights Seriously*, Universal Law Publishing Co. Pvt. Ltd., 2010, p. xi. 木下毅・小林公・野坂泰司『権利論』（木鐸社、二〇〇九年）、xii頁。

（3）Robert Alexy, The Existence of Human Rights, in *Law, Science, Technology: Plenary Lectures Presented at the 25th World Congress of the International Association for Philosophy of Law and Social Philosophy, Frankfurt Am Main*, (Archiv Fur Rechts-Und Sozialphilosophie-Beihefte (Arsp-B)), Franz Steiner Verlag Wiesbaden Gmbh, 2013, pp. 87-89.

（4）Robert Alexy, translated by Ruth Adler and Neil MacCormick, *A Theory of Legal Argumentation*, Oxford University Press, 1989, pp.101-137 および pp.177-208.

（5）Robert Alexy, The Existence of Human Rights, pp. 87-89.

（6）同前。

（7）Charles Taylor, *Multiculturalism and "The Politics of Recognition"*, Princeton University Press, 1992, pp. 26-27.

（8）Ronald Dworkin, *Taking Rights Seriously*, Universal Law Publishing Co. Pvt. Ltd., 2010, p. 184. 木下毅・小林公・野坂泰司訳『権利論』（木鐸社、二〇〇九年）、二四三―二四四頁。

（9）R. Dworkin, *Taking Rights Seriously*, p. xii. 木下・小林・野坂訳『権利論』、xiv-xv頁。

（10）Carl Wellman, *The Moral Dimensions of HUMAN RIGHTS*, Oxford University Press, 2011, pp. 3-4.

（11）ヨーゼフ・ラッツィンガー「世界を統べているもの――自由な国家における政治以前の道徳的基盤」フロリアン・シューラー編、三島憲一訳『ポスト世俗化時代の哲学と宗教』（岩波書店、二〇〇七年）、三九―四〇頁。

（12）亀本洋『法哲学』（成文堂、二〇一一年）、五六六―五六七頁。
（13）R. Dworkin, *Taking Rights Seriously*, pp. 188-190. 木下・小林・野坂訳『権利論』、二五〇―二五二頁。
（14）R. Dworkin, *Taking Rights Seriously*, p. 192. 木下・小林・野坂訳『権利論』、二五四―二五五頁。
（15）H. L. A. Hart, *The Concept of Law* 3rd edition, pp. 193-200 および長谷部恭男訳『法の概念』第三版、三〇二―三二一頁。
（16）H. L. A. Hart, Legal rights, in *Essays on Bentham - Jurisprudence and Political Theory*, Oxford University Press, 1982, p193. 小林公・森村進訳「法的権利」『権利・功利・自由』（木鐸社、一九九五年）、一三五頁。
（17）マイケル・イグナティエフ著、添谷育志・金田耕一訳『ニーズ・オブ・ストレンジャーズ』日本語序文（風行社、一九九九年）、五―六頁。
（18）Alan Gewirth, *The Community of Rights*, The University of Chicago Press, 1996, pp. 13-14.
（19）Alan Gewirth, *The Community of Rights*, pp. 15-16.
（20）Joseph Raz, Human rights without foundations, in Samantha Besson & John Tasioulas eds., *The Philosophy of International Law*, Oxford University Press, 2013, 321-337, p. 324.
（21）Alan Gewirth, *The Community of Rights*, pp. 16-17.
（22）Alan Gewirth, *The Community of Rights*, pp. 17-18.
（23）Alan Gewirth, *The Community of Rights*, pp. 18-19.
（24）井上達夫『世界正義論』（筑摩書房、二〇一二年）、一四一―一四二頁。
（25）Allen Buchanan, *Human Rights, Legitimacy, & the Use of Force*, Oxford University Press, 2010, pp. 71-102.
（26）井上達夫『リベラルのことは嫌いでも、リベラリズムは嫌いにならないでください』（毎日新聞出版部、二〇一五年）、八五―九〇頁。
（27）J. Rawls, *A theory of justice*, revised edition, pp. xii-xiii. 川本他訳『正義論』改訂版、xiii-xiv 頁。
（28）Joseph Raz, the Politics of the Rule of Law, *Ethics in the Public Domain*, revised edition, Clarendon Press, 2001, pp. 370-

378.

(29) アリストレテス、高木三郎訳『ニコマコス倫理学』(上)(岩波文庫、二〇一〇年〔第五六刷〕)(初刷は一九七一年)、三六一頁。

(30) 森村進『権利と人格』(創文社、一九九八年)、五一—一一頁。

(31) 飯島昇藏「レオ・シュトラウスのNatural Right and Historyの邦訳のタイトルについての覚え書き」『武蔵野大学政治学研究所年報』第九号(二〇一四年)、一三一—一六五、一五一頁。

(32) 井上達夫は「権利は、…正義構想の一定類型を特色づける概念である」「正義としての権利は公共性の制約を内在させている」と述べている。井上達夫『法という企て』(東京大学出版会、二〇〇三年)、二〇—二一頁。

(33) 井上達夫「規範と法命題——現代法哲学の基本問題への規範理論的接近3」(三)『國家學會雜誌』九九巻一一号・一二号合併号(有斐閣、一九八六年)、九八—九九頁。

(34) 井上達夫「規範と法命題——現代法哲学の基本問題への規範理論的接近3」(三)、一〇六—一〇七頁。

(35) 井上達夫「規範と法命題——現代法哲学の基本問題への規範理論的接近3」(三)、九一頁。

(36) 井上は「規範が、命法についての二階の言明の、対象言語における写像である」という主張について以下の通り具体例を挙げて解説している。

(a) すべての独身者は必然的に未婚である。

(b) すべての独身者は未婚である。

(c) 言明(b)は分析的に真である。

(a′) すべての独身者は結婚すべきである。

(b′) すべての独身者よ、結婚せよ。

(c′) 命法(b′)は文脈Cにおいて正当である。

(a)は、(b)と同様に独身者についての言明であり、少なくとも一人の独身者が存在するという存在仮定（existential import）を共有している。これに対して、（c）は専ら言明（b）に含まれる語の意味にのみ関わり、対象世界がいかなる存在者を含んでいるかに関わりなく、主張され得るのである。このような事態を、（a）は（c）の対象言語における写像であるという言い方で表現することは、さほど不当ではない。

規範（a'）、命法（b'）、命法についての意味論的メタ言明の関係（c'）についてのカスタニェーダの説明が、（a）、（b）、（c）の間の関係についての以上のような説明と一定のアナロジカルな対応関係をもつことはあきらかである。井上達夫「規範と法命題――現代法哲学の基本問題への規範理論的接近-3-」（三）、一〇〇―一〇二頁。

（37）「この世に平和と愛が遍在すべきである」という事態当為型規範は、「ひとは約束を守らなければならない」という行為当為型規範のように、何らかの主体に何らかの行為をする義務を課すわけではなく、したがって、その主体の責任も伴わない。井上は、行為当為型よりも「命法」からの論理的懸隔が大きい事態当為型規範が、「命法」から区別される「規範」としての共通の特性は何かを明らかにするには、カスタニェーダの分析よりもより射程の広い分析が要求されると結論している。井上達夫「規範と法命題――現代法哲学の基本問題への規範理論的接近3」（三）、一〇〇頁。

（38）井上達夫「規範と法命題――現代法哲学の基本問題への規範理論的接近3」（三）、一一八―一三六頁。

（39）井上達夫「規範と法命題――現代法哲学の基本問題への規範理論的接近3」（三）、一三七頁。

（40）安藤馨『規範と法命題』――行方を訊ねて」瀧川裕英・大屋雅裕・谷口功一編『逞しきリベラリストとその批判者たち――井上達夫の法哲学』（ナカニシヤ出版、二〇一五年）、一一頁および井上達夫「批判者たちへの「逞しきリベラリスト」の応答」井上達夫責任編集『法と哲学』第二号（信山社、二〇一六年）、一七一―二三九頁。

（41）井上達夫は「人権理念そのものは、かかる憲法的制度装置とその解釈実践には還元され得ず、かかる制度装置とその下での人権調整の在り方を絶えず批判的に再吟味することを要請する規制理念として超憲法的・超実定法的な妥当性を保持し続け、この要請の回避不可能性・解消不可能性に人権理念の不可侵の規範的核心が求められる」と述べている。井上達夫「はしがき――人権論の再構築のために」井上達夫編『人権論の再構築』、iv頁。

（42）井上彰「ドゥオーキンは平等主義者か？」宇佐美誠・濱真一郎『ドゥオーキン――法哲学と政治哲学』（勁草書房、二〇一一年）。

（43）長谷川晃「平等・憲法・原理――井上・小泉・早川各論文について」宇佐美誠・濱真一郎編著『ドゥオーキン――法哲学と政治哲学』（勁草書房、二〇一一年）、二一五―二一六頁。

（44）S. I. Benn & R. S. Peters, *Social principles and the democratic state*, George Allen & Unwin (Publishers) Ltd., 1959, pp. 110-111.

（45）ヨーゼフ・ラッツィンガー「世界を統べているもの――自由な国家における政治以前の道徳的基盤」『ポスト世俗化時代の哲学と宗教』、四〇頁。

（46）Diane F. Orentlicher, Relativism and Religion, in M. Ignatieff, Amy Gutmann eds., *Human Rights as Politics and Idolatry*, Princeton University Press, pp. 141-158, 2001.（ダイアン・オレントリッチャー「相対主義と宗教」添谷育志・金田耕一訳『人権の政治学』風行社、二一七―二四一頁、二〇〇六年）。

（47）マイケル・フリーデン著、玉木英敏・平井亮輔訳『権利』（昭和堂、一九九二年）、一九―二〇頁。

第二章　規範概念としての人権——メタ倫理学的アプローチ

第1節　人権の実在性

人権とは、社会的存在である人間が一人ひとりのかけがえのない「善き生」を生きるために必要な自由と生存を保障する装置であると同時に、その実現が人類にとって不可譲な道徳的責務であることへの人類的コミットメントを表明する規範理念である。この人権という規範概念の主要な機能の一つは、発話者を含むある言語共同体において、ある特定の権利が生得的（inherent）かつ不可譲の（inalienable）なものとして実現されなければならないという価値判断を共有するための、道徳感情の醸成を強く促すことにある。

以上の意味での人権とは、現実の人間社会の現象に対して「正」「不正」の判断を下すための普遍的な基準であると同時に、普遍的な理想状態を実現するための行為を誘導する（action-guiding）性格を併せ持つ規範概念であると言える。

実際に、世界各地で自らの生命、社会的地位・評価を危険にさらしてまで、他者のかけがえのない「善き生」の実現に献身する人権活動家達やその支持者の精神的拠り所となっている人権とは、個々の実定法上の権利ではなく、人権という観念にこめられた普遍的な道徳感情であり、そのような道徳感情を正当化する普遍的道徳が実在することへの信念である。

つまり、人権とは一般に超時空間的な普遍性を持つと信じられていると同時に、個々の時間・空間的文脈によって解釈は異なりつつも「正しい」行為を指示する実践的規範概念でもあると理解されているのだ。

本書では、前者を「理念としての人権」、後者を「道徳的権利としての人権」と分類した。いずれの意味であれ、人権という規範観念は実在しており、したがって認知可能であり、私たちは人権の認知に基づいて特定の道徳的評価・判断を表出していると一般に考えていると言えるであろう。

つまり、道徳原理である「理念としての人権」もその具体的な構想であるところの「道徳的権利としての人権」も実在しており、それは経験的に認知可能であるというのが常識的な（commonsense）な理解なのだ。

私は、また、「理念としての人権」および個別の「道徳的権利としての人権」の正当性(1)はそれぞれの社会に固有な「道徳秩序構想」によって担保されている、またされなければならないと考えている。前章でも述べた通り、私は合理的理性に基づく討議倫理がひとの道徳的行為の究極的な規制原理ないし根拠となり得るとは考えていない。つまり、道徳的価値判断には理性的な意味づけという次元も確かに存在するが、同時に特定の文化的・精神的文脈に深く根を下ろした広い意味での道徳感情を伴った一つの志向性、世界に対する姿勢にも基づいており、かつそのような文脈に基づかない道徳的価値判断は当該社会において「正統」なものとして認知されないと私は判断している。

このような「理念としての人権」と「道徳的権利としての人権」が実在し認知可能であり、道徳的判断とは道徳的事実の認知に基づく態度の表出であるという主張、いわゆる実在論的表出主義を論証するには、メタ倫理学の議論を参照しなければならない。メタ倫理学とは、「ひとは如何に生きるべきか」等の実践的な規範課題を扱う規範倫理学に対して、「そもそも規範とは何か」等のより基本的な問題を対象とする倫理学である。一階のレベルの課題を扱う規範倫理学に対して、二階のレベルの課題を扱う学問とも表現される。

本章では、井上達夫の実在論的法規範論、テリー・ホーガンとマーク・ティモンズの認知主義的表出主義、チャールズ・テイラーの多元的実在論等の論考を参照しつつ、議論を組み立ててみることとしたい。

井上は、「不正な法は法ではない」という、法実証主義に対する自然法論の立場の核心を「価値判断（少なくともその一部）は判断主体の意欲、願望、権力者の命令等々から独立して、即ち、判断内容に即して、客観的に妥当・不妥当であり得る。実定法の正邪に関する価値判断もこのような客観性を持ち得る」[2]という主張であると定式化し、このメタ倫理学上の客観主義を論証するために、（1）メタ倫理学上の非認識説という形をとった価値相対主義の批判的吟味と、（2）法命題によるディスコースの構造の解明[3]、を行った。

「法命題」とは、井上によれば、「法学者が講義において（または、教科書の中で）、『履行不能の場合のみならず履行遅滞の場合も、債務者に帰責事由がある場合に限り、債務者は債権者に対し損害賠償義務をもつ』と述べた」のような、法的に何がなされるべきか述べた「当為言明」で、少なくとも **prima facie**（一見したところでは）には「真」「偽」の判断を下し得る「真理値帰属可能性」を持ちつつ、言明主体の最終的態度決定を表明することを必要としない「非指図性」を持つ実定法上の法的言明のことである[4]。

井上は、「在る法固有の規範性なるものの可能根拠への問いは、かかる法命題のディスコースの可能根拠への問いによって置き代えることができる」と主張する[5]。在る法にも一定の規範的存在性格があること、そしてそれがどのような規範的性質なのかを解明することによって、井上は実定法（在る法）にも客観的な正邪の判断（価値判断）が内在していることを論証しようと意図しているのだ。

これは壮大な試みであって、本章のなかでその全てを紹介し尽すことはできないが、本書との関連からすると、（1）メタ倫理学上の非認識説という形をとった価値相対主義の批判的吟味よりも、（2）法命題によるディスコースの構造の解明に関連した規範の意味論的分析のほうがより重要であるように思われる。

なぜなら、非認識説（今日では非認知主義と呼ばれる）という分類は後述するように、今日のメタ倫理学の基本的枠組を捉えるには必ずしも適切な概念ではなく、表出主義（非記述主義）と文脈主義のほうが現在の学説の異同を把握するうえでより有効であると思われ、井上理論は文脈主義の一種として把握したほうがその現代的意義をより的確に理解できるように思われるからである。この観点からすると、井上理論のより普遍的かつ本質的な価値を有する議論は「規範の意味論的分析」を巡る箇所にあると私には思われる。私の理解では、「命法」と区別された「規範」の意味論的分析において井上が提示した「規範は、それに対応する命法に一定の正当値を帰する二階の言明が、メタ言語で述べていることを、対象言語のレヴェルにとどまりながら『指し示し』ている」[6]という解釈は、「規範」の意味論的分析として現時点でも依然最も有効なものであると思われる。

井上によって批判的検討の対象とされた非認知主義とされる学派は、科学的に真か偽か論証可能ではない道徳的判断を、科学的命題のような真偽を決定し得る真理適合的な記述的信念とは異なった非記述的信念であると主張した。その背景には、二〇世紀初頭から一九五〇年代までのメタ倫理学が道徳言語の分析を主な対象として、道徳（価値）的な語や文を、その他の性質の語や文に還元的に分析可能なのかどうか、また還元可能であるとすれば、それはどのような性質の語や文なのかを分析することを目指していたという事情がある。したがって当時の学説は、道徳的な語や文は還元的に分析可能であるとする立場と分析不可能であるとする立場に分かれていたのだ。マーク・ティモンズによると、当時のメタ倫理学は学説上の相違にもかかわらず、意味論的分析や適切とされる哲学的方法論に関する共通の見方によって主導されていた。ティモンズは、G・E・ムーアから一九五〇年代までの分析的メタ倫理学に対して、それ以降のそれをポスト分析的メタ倫理学と命名し、ポスト分析哲学のメタ倫理学は（1）妥当なメタ倫理学説は通常の道徳的言説や慣習に深く埋め込まれた仮定と適合的であること、（2）妥当なメタ倫理学は他の関連領域の仮説や見方と適合的であること、という二つの（おおまかな）制約、すなわちより常識的で緩和された条件のもとで理論的探求を進めるようになったと述べている。(7)

また井上達夫も、J・L・オースティン以降の言語行為論の発展によって、今日ではある種の言明を記述的意味と非記述的意味、認知主義的意味と非認知主義的意味に区別することは不可能であり、「〜をなすべし」という当為言明にも真偽を問いうることが明らかになっていると述べている。(8)

佐藤岳詩はメタ倫理学における「非認知主義」が採用している基準を（1）ある判断が非認知的であるのはその判断が真理値をもたない場合である、（2）ある判断が非認知的であるのはその判断が、何らかの性質や事実、事態への認知的アクセスの結果として得られる信念を表すものではない場合である、の二つであるとした。そして、非認知主義者を（N１）道徳判断は真理値を持たない、（N２）道徳判断は、道徳的な性質や事実、事態への認知的アクセスの結果として得られる信念を表すものではない、というテーゼを主張する者であるとすると、「非認知主義」の代表とされるエイヤー、スティーブンソン、ヘア、ギバードのうち、この二つのテーゼを忠実に守っているのは初期エイヤーのみであると評価し[9]、彼らを非記述主義者、あるいは表出主義者であったと論じるほうが適切であるとして、以下の通り述べている[10]。

道徳判断とは現状の分類で言えば、（１）道徳的事実の認知に基づく事実の記述、（２）道徳的事実の認知に基づかない事実の記述、（３）道徳的事実の認知に基づく態度の表出、（４）道徳的事実の認知に基づかない態度の表出、のどれかであると考えられている。さらにこのうち（１）・（３）に認知の対象となる道徳的事実は実在するものであるか、そうでないか、をかけあわせると、我々に六通りの選択肢が存在することになる（ただし現実には（２）の想定が難しい）。そして、認知主義／非認知主義の区別はこのうち（１）・（３）と（２）・（４）の区別であり、記述主義／非記述主義の区別は（１）・（２）と（３）・（４）の区別に対応するものである。エイヤー、スティーブンソン、ヘア、ギバードは伝統的に非認知主義の代表とされてきた。しかし、実際に彼らの理論は（３）と（４）に属するのであって、それをひとくくりに非認知主義と呼ぶのは不適切である。

佐藤によれば、したがってスティーブンソンやティモンズの思想は「非認知主義」というよりは「表出主義」（ないし「非記述主義」）として理解することがより適当であることになる。この点は第2節でスティーブンソンの情動主義を取り上げて論証する。

私は基本的に佐藤が提示した分類に賛同するが、ある文が真であるのはそれが実在する事実、属性、事態を正確に反映している場合であるとする論理実証主義の主張（「対応説」）は、井上達夫が的確に批判しているようにポスト分析的メタ倫理学の基本的なパラダイムからはすでに外れた考え方であって、[11] 今日では文脈主義的意味論がより適切であると考える。ティモンズによると、文脈主義的意味論（contextualist semanntics）とは、（1）「真実（truth）」とは「正しい断定性（correct assertibity）」のことであり、（2）日常的な記述文において、「正しい断定性」とは（a）言説の様式を統御する規範や慣習、（b）世界（the WORLD）、という二つの要素の複雑な相互作用による事態であり、（3）（「対応説」と異なり）「世界」に客体や属性が存在することを必要としない断定性規範をしばしば採用し、ある文に特に当てはめられた（dedicated）事実を必要とせず、（4）断定性の規範や習慣はある言語のなかで画一的なものではなく、文脈や文の目的によって異なり、（5）「正しい断定性」とは「保証された断定性」ではない、という見方である。したがって、文脈主義的意味論には、言語と世界のきわめて直接的な関係性を認める立場から、ある言明は意味論的規則によってのみ真であり得るという立場まで、含まれることになる。[12]

この点はタルスキの真理論との関係で重要な意義を持つ。井上達夫はタルスキの真理論についてその意義を以下の通り解説している[13]。

〔タルスキの貢献は〕前言語的に同定可能な存在者としての事実を措定して、それと言明との関係で真理を規定する戦略を拒否し、「対象系列による充足（satisfaction by sequence of objects）」という概念によって、古典的真理観の核心を表現する規約T[14]の実質的適格条件を満たす真理定義を与えたことにある。換言すれば、タルスキは人々が従来「事実との対応」という存在論的困難を孕んだ観念によって解明しようとした古典的真理観を、「事実」や「対応」という観念に依拠せずに解明したのである。

井上はタルスキの理論は「真理概念を言語の内に閉塞させずに、世界相関性をそれに付与している」が、「いかなる世界が存在するか」という問いについて中立であり、法言語を含む多様な世界観（ontology）と教義（ideology）を持つ多様な言語とそれらが指向する世界との関係について、真理を語ることを可能にしたとその意義を指摘している[15]。

ティモンズもまた、自説（メタ倫理学上の表出主義理論）を意味論的なミニマリズムであると定義し、ある文 pの意味は還元主義的に確定することは出来ず、タルスキの規約T（pは、pであるとき、かつその時に限り真である）に適合するかどうかを判定できるだけであると述べている[16]。

つまり、ティモンズが定義する「正しい断定性」としての「真理」条件である規約Tは、実在論（井上達夫）にも、非実在論（ティモンズ）にも適用可能であるということである。

それでは、道徳的事実、属性、事態は実在しないとする立場から、それらを認知し得るという議論はどのように導出され得るのだろうか。この点は第3節以下で取り上げる。

以上の通り、本章では第2節で情動主義と称されるスティーブンソンの学説を取り上げ、その思想が佐藤の指摘するように非認知主義と分類することは適当ではないことを確認し、第3節では現代の表出主義の一つであるティモンズの「認知論的表出主義」の理論を概観し、第4節で表出主義は道徳的相対主義か？という問いについて、ティモンズの議論を踏まえて検討し、第5節においてチャールズ・テイラーの多元的な、頑強な実在論を導入して、実在論的表出主義によって、「人権」という道徳概念の性格づけを試みることとする。

第2節　スティーブンソンの情動主義

今日、表出主義（expressivism）と分類されるメタ倫理学の思潮に属するとされる思想としてはアラン・ギバード[17]（Allan Gibbard）の規範表出主義（norm-expressivism）、サイモン・ブラックバーン（Simon Blackburn）の準実在論（quasi-realism）、テリー・ホーガンとマーク・ティモンズ[18]（Terry Horgan & Mark Timmons）の認知的表出主義（cognitive expressivism）がある。[19]

表出主義は、情動主義や指令主義といったメタ倫理学上の非認知主義と呼ばれる思潮から発展したものである。

情動主義はデイヴィッド・ヒュームを起源として、一九三〇年代アルフレッド・J・エイヤー(Alfred Jules Ayer, 1910-1989)やチャールズ・L・スティーブンソン(Charles L. Stevensen, 1908-1979)等によって体系化された。また、非認知主義のもう一つの形態である指示主義(prescriptivism)はR・M・ヘア(Richard Meryn Hare)によって理論化された。

情動主義とはある文(sentence)が有意味であるか否かはその文が示す命題(proposition)が分析的であるか、科学的に実証可能な場合に限るから、道徳判断を示す文(命題)は有意味ではないと主張する論理実証主義に対して、道徳的言明には独自の特質があり、それは発話者の欲求、意図ないし動機的事態という(記述的信念以外の)心理的事態を表現することであると主張する立場(非記述主義)であるとされる。[20]指示主義は道徳的言明の独自な特質を、その指導・教示・助言等の「指示」行為の遂行にみる立場である。

しかし、佐藤岳詩が指摘するように、彼らの思想は「非認知主義」というよりは「表出主義」として理解することがより適当であると思われる。

日本では碧海純一がスティーブンソンの情動主義を取り上げ、その実践的示唆として、(1)価値に関する多元論、(2)自由な合理的論議と批判の重要性、(3)ひとは倫理的決定における主体的責任を原理上免れることはない、という三点を挙げている。[21]

井上達夫はJ・L・オースティンの言語行為論に基づき、発話に伴う言うこととすることとの関係を（1）ロキューショナリ・アクト（意味）、（2）イロキューショナリー・アクト（趣旨）、（3）パロキューショナリー・アクト（効果）、に分類した上で、スティーブンソンの情動主義を（3）に規範性の本質を求めるものと分析し、その学説が規範的・評価的言明が真理値を有することを否定するのみならず、規範・論理体系内部の論理的整合性や実践的推論の論理的妥当性に関する合理的吟味すら否定する思想として批判している[22]。

確かに井上が指摘するように、「現に記述的言明におけると同じ程度の信頼可能性を以て規範的・評価的言明においても論理的な推論が成立しているように見えるという事実を前にするとき[23]」、この事実と両立し得ない理論は棄却せざるを得ないであろう。

本節では、情動主義の主唱者とされるチャールズ・L・スティーブンソンの議論を取り上げ、その現代的意義を考えてみることとする。

スティーブンソンは日常言語への注意深い関心、通常科学の方法によって支持され得ない仮説の回避、道徳の「非認知的」（情動的、動機的、社会慣習的）性質に焦点を当てるという、次第に顕著となった英米哲学の特徴を体現し推進した哲学者と評価されている[24]。

但し、スティーブンソンはその主著『倫理と言語』最終章において、言語の記述的使用がそれと密接に結びついている、経験的知識（empirical knowledge）を獲得する仕事は、多くの忍耐を必要とする、大変な仕事であり、その間言語の情動的使用は記述的使用に厳しく従属させられなければばならないことを強調している。[25]

スティーブンソンはまた、「倫理的判断は真でも偽でもないというのは馬鹿げている（absurd）」と、道徳判断が真理値を持ち得ること認めている。[26]問題は、スティーブンソンがどのような意味で「道徳的判断が真理値を持ち得る」と考えていたかということである。

スティーブンソンは、「善」「正」「公正」「当為」等の倫理的用語の意味を明瞭にすることによって、「倫理的判断が証明される（proved）あるいは支持される（supported）、一般的な諸方法（general methods）の特色を示す」ことを目指した。[27]

スティーブンソンは、先ず「信念における不一致（disagreement in belief）」と「態度の不一致（disagreement in attitude）」を区別する。前者は物事がどれほど真に記述され説明されているか、後者は物事がどれほど好まれているか好まれていないか、したがって物事が人間の努力によって如何に形作られるかにより注意を向けている。[28]

スティーブンソンは、信念と態度との間の因果関係は密接であるだけでなく、相互作用的であることを強調し、倫理的諸問題が提起される時には信念の不一致が不可避的に存在すると同時に態度の不一致も存在し、「前者を強調するあまり後者を排除したり、またその逆があっては決してならない」と述べている。[29]

その上でスティーブンソンは、分析のために以下の三つの作業型を提示する。

（1）「これは誤りである」は、わたくしはこれを否認する、あなたもそうしなさい、という意味である。
（2）「かれは当然これをなすべきである」は、わたくしはかれがこれをしないままにしておくことを否認する、あなたもそうしなさい、という意味である。
（3）「これはよい」は、わたくしはこれを是認する、あなたもそうしなさいという意味である。

上記三つの作業型は二つの部分からなっているとスティーブンソンは分析する。すなわち、話し手の態度を記述している「わたくしは是認する」「わたくしは否認する」という宣言的（declarative）言明と、聞き手の態度を変えたり、強めたりするために述べられた「あなたもそうせよ」という擬似命令的（imperative）言明である。この二つの種類の言明は協働して「態度における一致」「態度における不一致」を構成する。

例えば、

A：これはよい。
B：わたくしはまったく賛成である。これは実によい。

という事例を三番目の作業型によって以下の通り言い換えることができるであろう。

A：わたくしはこれを是認する。あなたもそうせよ。
B：わたくしはそれを是認することに、まったく賛成である。（引き続き）あなたもそうせよ。

スティーブンソンによれば、上記の作業型のうちの「わたくしは是認する」「わたくしは否認する」という宣言的（declarative）言明は話し手の心の状態についての記述であり、実証的に真偽を確定することができる。[30] 一方、聞き手の態度を変えたり、強めたりするために述べられた「あなたもそうせよ」という擬似命令的言明についても、スティーブンソンは記述的言明のようには「証明」され得ないが、少なくともこの擬似命令的言明を「支持する」かもしれない理由または論拠は存在すると主張する。すなわち、一般に命令は聞き手の態度や行動を変更するのに使用され、その理由は、信念を変更することによって、服従したがらない態度を変更するような命令を支持するのである。[31] つまり、擬似命令的言明に関する倫理的証明を補足するための「代用の証明」は、判断に対する「支持理由」の中に発見されるのだ。[32]

スティーブンソンは、倫理における合理的な一致は信念における一致を通じた態度における一致によってのみ可能なのではなく、命令文の影響とは必ずしも一致しない、態度を変更させる倫理的用語の「独特で微妙な種類の情動的意味」に関連して説明されなければならないと主張する。[33]

それでは、「情動的意味（emotive meaning）」とは何なのだろうか。

「意味」のどのような定義にせよ、そのために要求されることの一つは、意味という言葉が、言語について語るのに、適切であり続ける限りは、意味がひとをまどわすように変化してはならないということである。[34]

スティーブンソンは、「情動的意味」は一種の意味であり、それは聞き手の立場から見ると記号に伴うある特定の心理過程ではなく、記号の傾向的性質であり、そこでは反応は、変化する付帯情況と共に変化しつつ、聞き手における心理的過程から成ると定義する。[35]

またスティーブンソンは、言語が使用される目的を発話者の立場から「記述的」と「動的(dynamic)」に分類する。「記述的」とは、科学のように信念を記録、明確化、伝達することを目的とする言語使用であり、「動的」とは感情を発散したり、ある雰囲気を醸し出したり、人々をある行為や態度に駆り立てたりすることを目的とする言語使用である。ここでも、スティーブンソンは言語の「記述的」「動的」使用は相互に排他的ではないことを強調している。[36]

その上で、スティーブンソンは言語の動的使用とその際の「語」の「意味」の関係を心理学的に、但し限定的な形で定義する。すなわち、語の発話に伴う全ての心理的な因果関係を「語」の「意味」と同定するのではなく、その中でも永続性のある(persistent)「指向性(dispositions)」を「語」の意味と定義する。スティーブンソンは、この定義による語の意味として、特定の語が長い間使用される中で発生した、人々の中に情動的な(affective)反応を引き起こす「傾向(tendency)」であるところの「情動的(emotive)意味」を挙げている。[37]

確かに、スティーブンソンが指摘するように、ひとは技術的・科学的な用語を導入し得るようには、命令によって情動的な用語を容易に導入することはできないし、情動的な言葉の中には、その記述的な生命よりも持続する情動的な生命を持つものがあることも事実であろう。[38] さらに、共感を呼び起こすためには、その情動的意味が聴き手の習慣に適切に染み込んでいる言語手段を用いなければならないことも間違いはないし、個々の情動的言語がそれぞれの状況に対して持つ固有の適合性は長い歴史を通して形成されて来た言語習慣から得ていることは[39]、認知心理学や感情心理学の近年の研究においてほぼ実証されている[40]。

また、スティーブンソンは規範的言明が記述的意味と情動主義的意味を併せ持っていると分析しているだけで、いずれかがより根本的（primary）であると主張しているわけではない。日常生活における倫理的判断に対する支持・不支持は、信念における一致・不一致と態度における一致・不一致という二つの区別によってよりよく理解され、この一致・不一致の説明とその解決のためには規範的言明の情動的意味に留意すべきであると主張しているに過ぎない。

スティーブンソンはこのような情動的意味を無視することが深刻な過ちを引き起こすことを明らかにするために、「信念における不同意（disagreement in belief）」と「利益における不同意（disagreement in interest）」を区別し、実証的な手法が利益における不同意を解決することが可能なのは、その不同意が（事実に関する）信念を巡る不同意である場合に限り、例えば公的慈善活動の是非を巡る不同意は利益における不同意であるが、その原因が賛成者の同情心と反対者の冷酷さにあった場合、その解決は賛同者がその同情心をもって反対者の気質を変えようとすることによってのみ可能となること、我々の人格はそのような他者との交流の中で成長するものであることを指摘する[41]。

それでは、スティーブンソンの議論を踏まえると、人権という規範概念における情動的意味とは何なのだろうか。

ダイアン・オレントリヒャーは、人権はしばしばきわめて広範囲な社会の変革を要求するものであり、そのような変革は人権が深く広範囲な正統性を有しない限り実現しない、と主張する。[42]人権規範が深く広範囲な正統性を獲得するには、すべての個人が同等な配慮と尊重に値する存在として扱われなければならないという道徳的感情が、当該社会で広く共有される必要があるであろう。したがって、人権という規範概念の主要な機能の一つは、ある特定の権利が生得的かつ不可譲なものとして実現されなければらならないという価値判断を支える、道徳感情を醸成することであると考えられる。

スティーブンソンの情動主義は、道徳判断は真理値を持つことを認めており、その主張に過誤はあることは事実としても、非認知主義と分類することは適当ではなく、一方規範概念としての人権の感情的側面への働きかけの重要性に光を当てるものとしては、依然意義を有しているように思われる。

第3節　テリー・ホーガンとマーク・ティモンズの認知主義的表出主義

ホーガン&ティモンズによれば、現代の表出主義とは「典型的な道徳的判断は、記述的信念以外に心理的状態、すなわち欲求や意図、他の動機的事態を表現するために機能する」というメタ倫理学的見方である。

非認知主義は一般に価値相対主義を含意すると考えられていた。しかし、ホーガン&ティモンズは非認知主義の主要な思想であった情動主義を提唱したスティーブンソン、また現代の表出主義者の一人であるサイモン・ブラックバーンは道徳的相対主義に反対していた（る）ことを指摘し、表出主義は道徳的相対主義を必然的に含意するわけでも、道徳的相対主義に与しているわけでもないと主張し、自らの思想を「認知主義者の表出主義（cognitivist expressivism）」と命名している。[43]

ホーガン&ティモンズによると、非認知主義がメタ倫理学の支配的学説であった時代（およそ一九三五年より一九七五年までの四〇年間）には、道徳的判断とは本来道徳的性質や事実を記述するものではないという考え方（非記述主義）と、道徳的判断は信念を表出するものではないという考え方（非認知主義）は相互に必然的に導かれるもの、つまり、非記述主義と非認知主義は一つのパッケージなのだと考えられていた。

ホーガン&ティモンズは、メタ倫理学において当然の前提として広く受け入れられているこの意味論的仮説は誤りであり、道徳的判断は真正の信念であるが、その全体的な内容（overall content）は記述的ではないとする立場があり得ると主張する。[44]

ホーガン&ティモンズは、表出主義のメタ倫理学的要素を「道徳的非実在論（moral irrealism）」（以下、IR）であるとして、以下の通り定式化している。

IR：道徳的用語およびそれらの用語が表現する概念が言及するために使われる道徳的性質や関係性は存在しない。同様に、道徳的判断が記述ないし報告することができる道徳的事実は存在しない。

ホーガン&ティモンズは、この定義が道徳的実在論者の選好する道徳的存在論を否定するだけでなく、道徳的構築主義（moral constructivism）に属する相対主義者および非相対主義者にとって重要な、構築された道徳的性質、関係、事実をも否定するものであることを強調する。[45]

また、表出主義の意味論的部分には心理的要素（PE）とそれに対応する言語的要素（LE）があるが、心理的要素について、ホーガン&ティモンズは、表出主義の主要な主張は道徳的思考が表現する心理的事態とは基本的に表象的（representational）ではなく、「行為誘導的な評価的事態（evaluative action-guiding state）」であるとする。この主張をより明確にするために、ホーガン&ティモンズは、世界を表象するあるいは記述する心理的事態の内容を「世界がおそらくそうであるようなあり方（way-the-world-might-be）」と定式化し、これと対比して行為誘導的な評価的事態を「世界がそうあるべきあり方（way-the-world-ought-to-be）」と定義する。

以上の心理的な意味論的定義は以下の形で与えられる。

PE：道徳的判断とは心理的事態を表現するものであるが、その主要な役割は表象的なものではなく、したがってその志向する内容は「世界がおそらくそうであるようなあり方（way-the-world-might-be）」ではない、つまり記述的ではない。そのような心理的事態は非表象的な役割、典型的には理性に基づく行為誘導的役割を果たし、したがってその志向する内容は全体として記述的ではない。

表出主義の意味論的部分における言語的要素について、ホーガン＆ティモンズは以下の定義を提示している。

LE：道徳的文、主張、発話は基本的に表象的ではなく、したがって記述的ではなく、「世界がおそらくそうであるようなあり方（way-the-world-might-be）」を内容として持たない。道徳的文、主張、発話は非表象的役割、典型的には理性に基づく行為誘導的役割を果たし、その志向する内容は全体として記述的ではない。

ホーガン＆ティモンズは表出主義を以上の通り定義したうえで、その特徴として以下の四点を挙げている。

（1）表出主義は道徳的思考や言説に関するいかなる還元主義にも与しない。すなわち、還元主義的表出主義は、道徳的思考や言説を指令や感情等の情動状態の表現、欲求の表出またはそれらの複合体に還元しようと試みるが、この考え方は近年の表出主義ではなく、スティーブンソンやヘアの思想も還元主義ではなかった。

（2）信念には記述的信念と非記述的信念がある。表出主義は、道徳的判断が真正の信念、但し非記述的信念を表現していることを承認する思想である。つまり、メタ倫理学において道徳的判断は信念の表出であると主張する、認知主義者であると同時に非記述主義者であることは可能である。

（3）表出主義は、日常の道徳的思考や言説には深く埋め込まれた特質があることを否定する側に与しない。すなわち表出主義は、ひとが道徳的問題について意見を変えるのは単なる嗜好の問題ではないと考える。

（4）表出主義者は形而上学的な自然主義には与しないが、道徳的ではない、認知的な属性や事実に関する非自然主義者的な実在論者であり得る。

以上の四つの特質のうち二番目の道徳的判断は真正の非記述的信念であるという主張が、認知論的表出主義にとってもっとも核心的な特質であるとホーガン&ティモンズは主張する。[46]

第4節　表出主義は道徳的相対主義か？

4―1　道徳的相対主義とは何か？

ホーガン&ティモンズは、道徳的相対主義の主張を明晰化するために、個人ないし集団が持つ道徳的な関与を、（a）行為、ひと、制度ないし事態（state of affairs）に関する個別の道徳的判断の次元と、（b）少なくとも理念的には個別の道徳的判断を下す基礎となり得る基本的な道徳的規準（原理）の次元に分類する。

この二次元モデルに基づき、ホーガン&ティモンズは道徳的相対主義の三つの命題を提示する。

（1）依拠命題：個別の道徳的判断が真であるかどうかは、道徳的評価を下す有意の基本的な道徳的規準の集合に依存する。

（2）構成命題：基本的な道徳的規準の集合が真であるかどうかは、個人ないし集団特有の傾向によって構成されていると考えられている。

（3）多様命題：相互に両立し得ない複数の基本的な道徳的規準の集合が存在する。

以上の三つの命題から、道徳的相対主義（MR）と道徳的客観主義（MO）の定義が以下の通り導き出される。

MR：個別の道徳的判断は相対化された真理条件ないし正しさ（correctness）の条件を持つ。
MO：個別の道徳的判断は客観的な、非相対的真理条件ないし正しさの条件を持つ。

なお、道徳的相対主義者は、真偽の代わりに正しさを使うことが多い。これは主に真偽を記述命題に関して使用する一方で、非記述的判断については正しさという条件が使用され得ることを許容するためであろうが、ホーガン&ティモンズはそのような微妙な使い分けはしないと述べている[47]。

ホーガン&ティモンズは、以上の概念整理をしたうえで、表出主義は道徳的相対主義であるという主張を以下の通り分節化する[48]。

（1）表出主義は、道徳的判断の客観的真理性ないし正しさを否定し、したがって道徳的判断は客観的に真であったり、偽であり得るということを否定する。
（2）しかしながら、表出主義にも真偽の判断が可能である。もし真偽は記述的命題にのみ可能であるという立場に立ったとしても、表出主義は道徳的判断が正しいか否かは判断できる。
（3）道徳的判断に関する表出主義による真偽ないし正しさの判断の基礎は、特定の集団ないし個人の基本的な道徳的規準である。したがって、道徳的判断が真ないし正しくあり得るのは、その判断が、評価対象に関する有意の非道徳的情報とともに特定の基本的な道徳的規準の集合から帰結するか、導かれる場合に限る。

（4）表出主義によれば、真理ないし正しさは相対的な真理ないし正しさである。
（5）倫理における相対的な真理ないし正しさを支持する者は定義によって道徳的相対主義者である。
（6）表出主義者が倫理における真偽ないし正しさの判断ができると考えるのであれば、その見方は道徳的相対主義にコミットしている。

4―2　表出主義と道徳的相対主義

以上の道徳的相対主義に基づく表出主義解釈に対して、ホーガン&ティモンズは、表出主義とは道徳的判断に関して真偽を下すことができ、真理述語の最小限使用を認める立場であると主張する。

この主張は以下の通り定式化できる。

（1）真偽概念は、暗黙の、文脈によって変化し得る意味論的な媒介変数によって支配されている。したがって、真偽概念および真偽概念を表現した語を使用した判断は文脈によって異なり得る。
（2）道徳的に関与した（engaged）文脈においては、真理述語は定言的な（categorical）一階の道徳的判断であると承認し得る。この非引用符的な（disquotational）真理判断はまったく相対的ではない。

（3）道徳的にとらわれない（detached）文脈においては、真理述語は非相対主義的にも、相対主義的にも適切に使用することができる。しかし、道徳的にとらわれない文脈において真理述語の明示的に相対主義的な使用が可能であることは、道徳的判断に対する道徳的に関与した定言的な真ないし偽の帰属が必然的に相対主義的であることを意味しない。

（4）道徳的に関与した定言的な真偽の使用は一次的であり、道徳的にとらわれない使用は二次的である。

ホーガン＆ティモンズは、ここで「道徳的に関与した立場（morally engaged perspective）」と「道徳的にとらわれない立場（morally detached perspective）」を区別する。例えば、ある人物が「アパルトヘイトは間違っている（wrong）」と判断したとする。この事例における道徳的判断述語に含まれる真偽概念の典型的な使用は、道徳的に関与した立場において可能である。同時に、この人物による高次の真理断定（truth predication）は、この人物のその内容全体が記述的ではない心理的事態を表出している。ホーガン＆ティモンズは、この判断を意味論的判断と道徳的判断が複合した（fused）評価的判断ないし主張（claim）であると表現している。別の言い方をすると、道徳的に関与した立場や文脈においては、ひとは真ないし偽を非引用符的に使用するのだ。

つまり、「Xは良い」という文を一階の道徳的判断として真と判断することは、「Xが良い」は真であることを承認することにコミットすることなのだ。道徳的に関与した立場においては、真ないし偽の使用において相対主義的なものはなにもない。[49]

4―3　表出主義による道徳的相対主義批判

ホーガン&ティモンズによると、表出主義を道徳的相対主義であると批判する者は、道徳的文脈における真理述語の一次的使用と二次的使用を混同している。

すなわち、ホーガン&ティモンズが定式化した表出主義においては、真偽概念は、暗黙の、文脈によって変化し得る意味論的な媒介変数によって支配されており、真偽概念を使用した判断は文脈によって異なり得るが、道徳的に関与した（engaged）文脈においては真理述語は定言的に（categorically）一階の道徳的判断であると承認し得るのであって、この非引用符的な（disquotational）真理判断はまったく相対的ではなく、かつ一次的（primary）である。一方、道徳的にとらわれない（detached）文脈においては、真理述語は非相対主義的にも、相対主義的にも適切に使用することができるが、この使用は二次的である。

例えば、チャールズ（と呼ばれる人物）が、無辜の人間を意図的に殺害することは常に誤っているという信念を持ち、さらに後期の胎児は無辜の人間であると信じているとしたら、チャールズは後期の胎児を殺害することは誤っていると判断せざるを得ない。つまり、チャールズが後期の胎児を意図的に殺害するのは誤っていないと判断すれば、その判断は誤っていることになるであろう。一方、レスリー（と呼ばれる人物）が、無辜の人間を意図的に殺害することは常に誤っているわけではないと信じ、さらに後期の胎児は無辜の人間であると信じていたとしたら、レスリーが後期の胎児を意図的に殺害することは誤っていないと判断したとしても、その判断を誤っているとは言えないであろう。しかし、このことは表出主義が道徳的相対主義に与していることを示しているわけではない(50)。

第5節　多元的な、頑強な実在論に基づく表出主義の可能性

ホーガン&ティモンズの認知主義的な表出主義は、一人称の道徳的判断は発話者が道徳的に関与している文脈では、その判断が道徳的事実ないし属性を記述しているわけではないという意味で非記述的であるが、真正の非記述的信念を表現しているから認知可能であると主張する思想である。つまり、ホーガン&ティモンズによれば、メタ倫理学において認知主義者であると同時に非記述主義者であることは可能である。したがって、認知主義的な表出主義は道徳的な相対主義ではない。

しかも、一人称の道徳的判断は個人(私)ないし集団(われわれ)の判断であるから、ある集団が道徳的に関与している文脈において、「Xは良い」と判断した場合、それはホーガン&ティモンズの定義から、「Xが良い」は真であることを承認することにコミットすることなのだ。

人権という規範概念について、この認知主義的な表出主義に基づいて考えてみよう。人類を一つの実在的な「共同体」(われわれ)であると考えるのであれば、人類の一人称の道徳的判断は、

人類（われわれ）が人権規範の想定する道徳的文脈に関与していると想定すれば、相対主義的ではなく、しかもその場合の道徳的判断は行為誘導的な非記述的命題であると主張することが可能となる。

しかも、真正の一人称の道徳的判断は道徳的文脈に関与することによってのみ可能となるから、人権に関する規範的言明が持つ特定の道徳的事実・事態・性質・関係性への真正の関与という性質を、ホーガン&ティモンズの認知主義的な表出主義は明示的に取り扱うことができる。

例えば基本的な道徳的権利として「すべての人は平等に尊重され考慮される権利がある」[51]という命題を考えてみる。この命題を一人称の道徳的判断として記述してみよう。

われわれはすべての人は平等に尊重され考慮されるべきであるという共有の信念を有している。したがって、すべての人は平等に尊重され考慮されるべきである。

この命題はホーガン&ティモンズの定義にしたがえば、一人称の道徳的判断であり、この文脈では「われわれ」はすべての人類を意味するから、「理念としての人権」が享有主体と対象について普遍性を持つことを前提とすれば、この発話行為は人類という共同体にすでに潜在的には存在している倫理感情（人権感情）を意識化させることを目指す行為誘導的な非記述的命題であると考えることができる。

ここで留意すべき点は、ホーガン&ティモンズの考え方にしたがって、真正のコミットメントを伴った一人称の道徳的判断は真理値を持ち得る（認知可能）とするならば、「すべての人は平等に尊重され考慮されるべきである」という言明自体の真偽は問い得るということである。

つまり、ホーガン&ティモンズの認知主義的な表出主義によれば、「理念としての人権」という規範概念は、情動的効果を伴った認知可能な非記述的命題として取り扱うことが可能になる。すると、現代多文化社会における人権の正統性[52]について、私が提案するように「人権」を「理念としての人権」「道徳的権利としての人権」に分けた場合の「理念としての人権」を、非相対主義的に正統化することが可能になるように思われるのだ。

私がティモンズの認知主義的表出主義の主張で説得的でないと考える点は、その非実在論的立場にある。ティモンズは「道徳的用語およびそれらの用語が表現する概念が言及するために使われる道徳的性質や関係性は存在しない。同様に、道徳的判断が記述ないし報告することができる道徳的事実は存在しない」と主張するが、私には道徳的事実・性質・関係性に関する非実在論と表出主義は論理的に一体のものではないように思われる。

例えば、チャールズ・テイラーの主張する「多元的な、頑強な実在論（pluralistic robust realism）」と表出主義とは両立可能なように思われる。

テイラーは、ハイデガーとメルロ=ポンティの議論を援用して、概略以下の通り述べている。[53]

第一に、我々の世界把握は、単に外的世界の内的表象の保有によって形成されているわけではない。我々は、明らかにそのような表象を保有しており、それは今日的用語では真とみなされる命題として理解されるものである。しかし、それらの命題（表象）は、我々が世界と関わる進行中の活動の中に投げ出されているが故に我々にとって了解可能となるのである。この我々の世界との関わり（coping）は、表象としては説明不可能なものであり、我々の表象がその通りに了解されるための背景を与えるものなのである。

第二に、この世界との関わりという活動とその中に存在する了解は、原初的には個としての我々のものではない。我々は原初的には社会的行為の一部であり、社会的ゲームないし活動として、この世界に関わる実践（practices of coping）に導き入れられ、その発展の後期の段階で個としてのあり方を取ることが求められるのである。

第三に、この世界との関わりにおいて、我々が第一に対象とするのは客体（object）ではなく、ハイデガーが「実践的なもの（pragmata）」と呼んだもの、つまり我々の世界との関わりの焦点であり、したがってこの世界に最初に現れたときからわれわれにとっての関連性、意味、重要性を持つものであり、付加的なものではないのだ。その後、我々は、一歩引き下がって、我々の世界との関わりとの関連性の外側で、物事を客観的に見ることが出来るようになるのだ。

第四に、後期ハイデガーにおいては、これらの重要性は、我々の全生活を構成するより高い位置を占める何か、我々の重要性の総合的全体を含んでいる。

テイラーは、この世界認識のあり方を「世界に関与する（coping）者としての世界把握」と定義し、このあり方こそ最も根源的なものであり、ここから自然科学的な「客観的な世界認識」も可能となると結論づける。[54] ドレイファスは、このテイラーの存在論を「多元的な、頑強な実在論（pluralistic robust realism）」と名付けた。[55] テイラーとドレイファスは、その後、彼らがローティやデイヴィドソンも依然とらわれているとみなす「わたしたちは外的実在を内的な表象をとおしてとらえるのだ」という「媒介説（meditation theory）」に対して、「社会に埋め込まれ、世界としっかり触れあっている」「身体化された主体」による、前命題的（prepropositional）なだけでなく部分的には前概念的である根源的な世界との接触が自然科学的知識を含む様々な世界認識を可能とするという「接触説（contact theory）」を全面的に発展させた。[56]

ティモンズの「一人称の道徳的判断は、発話者が道徳的に関与している文脈では、その判断が道徳的事実ないし属性を記述しているわけではないという意味で非記述的であるが、真正の非記述的信念を表現しているから認知可能である」という主張のうち、「(道徳的) 判断が道徳的事実ないし属性を記述しているわけではないという意味で非記述的である」という部分は、道徳的判断は最終的に何らかの客観性を持ち得るというテイラーの実在論とは相容れないと思われるが、「一人称の道徳的判断は発話者が道徳的に関与している文脈では、真正の非記述的信念を表現しているから認知可能である」という立場とは整合的である。

また、テイラーは「今や、形而上学や神学は個人の構想（vision）に連動され（indexed）、個別の感覚を通じて屈折されている（refracted）」と述べているように、実在論的な神意の秩序の復活を目指す神学者ないし前近代的意味でのキリスト教的神の実在を前提として議論を進める哲学者ではないので、いわゆる形而上学的な自然主義に与しているわけではない。[57]

ティモンズは「表出主義者は形而上学的な自然主義には与しないが、認知的な属性や事実に関する非自然主義者的な実在論者であり得る」と述べているから、この点に限れば「多元的な、頑強な実在論」とは整合的であるように思われる。

多元的な、頑強な実在論に基づく実在論的表出主義の立場は、それぞれの文化のもとでの道徳体系の多様性を承認しつつ、「理念としての人権」の普遍性を価値相対主義的にではなく説明することが可能である。

例えば千葉正士が構築した多元的法文化論をメタ倫理学のレベルから構成できるように思われる。すなわち、ある民族社会の法の全体を、国家によって公式に承認された「公式法」、国家による公式の承認がないが特定の集団により権威あるものとして遵守される「非公式法」、公式法・非公式法を貫徹する価値的な前提原理である「法前提」の三レベルからなる複合体であるとみる「法の三層構造（three level structure of law）」仮説は、それぞれの民族社会において異なった価値体系が存在することを前提としているが、それぞれの価値体系に基づく道徳感情は当該社会が長年にわたって形成してきた一定の規範性を有しており、それをもとにそれぞれの構成員は道徳的判断を下している。[58] それぞれの道徳体系は当該社会で正統性と規範性を承認されているという意味で、ティモンズが提示した「一人称の道徳判断」であると考えることができるから、実在論（認知主義）的表出主義はそれぞれの民族文化に固有な法文化のあり方をメタ倫理学的に根拠づけることができると思われるのだ。

さらに、深い感情的コミットメントを伴った一人称の信念体系を認知可能な真理命題であると考えることは、公共空間における宗教ないし深い信条に基づく議論についても新たな可能性を拓くように思われる。

従来宗教ないし深い信条は、「政教分離」原則のもとで公共空間での議論の対象から除外されてきたが、イスラムによる先進国内でのテロ行為やＩＳＩＳなどの現象は、宗教ないし深い信条を巡る対立とその克服を目指す討議ないし対話を公共空間において行うことの必要性を広く認識させるようになった。

われわれは「イエスが人類の救い主である」ことを是認する、あなたもそうせよ。
われわれは「神が唯一の創造主である」ことを是認する、あなたもそうせよ。
われわれは「世界が無であること」を是認する、あなたもそうせよ。

これらの命題は、深い感情的コミットメント無しには真ないし正しいとは判断し難いものであるように思われる。また、討議ないし理性的対話のみでは解決が不可能な問題であるようにも思われる。

なぜなら、これらの宗教的ないし深い信条の不可分の一部である感情は、一神教や多神教、無神論を含む多様な世界観の背景であるところの、世界に対する個人の前観念的姿勢（傾向性）を形成しているからである。

公共空間における宗教の役割については、チャールズ・テイラーやユルゲン・ハーバーマス等によって活発な議論が続けられているが、テイラーは、従来世俗主義あるいはライシテ（脱宗教性）とは国家と宗教の関係性をめぐる問題であると考えられてきたが、実際のところ世俗主義とは民主国家が多様性にどう適切に対応するかという問題であり、国家が宗教を含む多様な深い信条に対して中立的な立場をとることを要求すると主張している。[59]

ネーゲルは、突然変異と自然淘汰に基づく進化論と生物学的進化に対する何らかの神意の介入を認める知的設計説とのいずれを選択するかは、科学的に根拠づけられない先行的な信念によって決定されていると主張するが[60]、それぞれの先行的信念の文脈依存的普遍性を容認するテイラー的な実在論的表出主義は、それぞれの道徳判断の背景に存在する信念体系を明示的に取り上げることを可能とするから、このような深い信条に絡む論争的な課題を公共空間で議論する際に有効な枠組を提供するように思われる。

注

（1）井上達夫は法の「正当性（rightness）」と「正統性（legitimacy）」を区別し、「ある法を悪法と批判する根拠としての法対抗的・法改革的道徳」、すなわち一階の道徳は「正当性」に関わり、「悪法もなお法として尊重する遵法責務の根拠を示す政治道徳」、すなわち、二階の道徳は「正統性」に関わると述べている。井上達夫「批判者たちへの「逞しきリベラリスト」からの応答」井上達夫責任編集『法と哲学』第二号（信山社、二〇一六年五月）、一八五頁。

（2）井上達夫「規範と法命題」（一）『國家學會雜誌』九八巻一一号・一二号（一九八五年一二月）、六（七九二）頁。

（3）井上達夫「規範と法命題」（一）、三四（八二〇）頁。

（4）井上達夫「規範と法命題」（一）、二五（八一一）―三四（八二〇）頁。

（5）井上達夫「規範と法命題」（一）、二八（八一四）頁。

（6）第一章注(36)。井上達夫「規範と法命題――現代法哲学の基本問題への規範理論的接近3」（三）、九一頁。

（7）Mark Timmons, *Morality without foundations - A Defense of Ethical Contextualism*, Oxford University Press, 1999, pp. 11-12.

（8）井上達夫『共生の作法』（創文社、二〇〇〇年）（初版は一九八六年）、一〇―一二頁。井上達夫「規範と法命題」（一）（二）（三）（四）『國家學會雜誌』九八―一〇〇巻（一九八五―一九八七年）。

（9）佐藤岳詩「メタ倫理学における「非認知主義」の展開」『実践哲学研究』第三五号（二〇一二年）、四六―四九頁。

（10）佐藤岳詩「メタ倫理学における「非認知主義」の展開」、七〇―七一頁。

（11）井上は、「言明が事実に対応する（corresponds to the fact）」という「対応説」は「事実はそれを記述する言明から独立に同定可能であり、真理は前言語的に同定された事実と言明との何らかの意味での一致に存する」という「支持し難い哲学的想定」と結合していると批判している。井上達夫「規範と法命題」(四・完)『國家學會雜誌』一〇〇巻三号・四号（一九八七年)、七一（二七九）頁。

（12）Mark Timmons, *Morality without foundations - A Defense of Ethical Contextualism*, Oxford University Press, 1999, pp. 115-118.

（13）井上達夫「規範と法命題」(四・完)『國家學會雜誌』一〇〇巻三号・四号（一九八七年)、七二（二八〇）頁。

（14）規約Tとは、例えば「『雪が降っている』という言明は、実際に『雪が降っている』とき、その時に限り真である」という命題が示しているように、ある言明が真であるための条件のことである。飯田隆『言語哲学大全IV 真理と意味』(勁草書房、二〇〇二年)、一九〇—一九一頁および ALFRED TARSKU, On Undecidable Statements in Enlarged Systems of Logic and the Concept of Truth. the Journal of Symbolic Logic, Vol. 4, No. 3 (Sep., 1939), pp. 105-112.

（15）井上達夫「規範と法命題」(四・完)『國家學會雜誌』一〇〇巻三号・四号（一九八七年)、七三（二八一）—七五（二八三)。

（16）M. Timmons, Morality without foundations - A Defense of Ethical Contextualism, Oxford University Press, 1999, pp. 133-134.

（17）Allan Gibbard, *Wise Choices, Apt Feeling - A theory of Normative Judgement*, Oxford University Press, 2002.

（18）Terry Horgan and Mark Timmons, Expressivism, Yes! Relativism, No! in Russ Shafer-Landau ed., *Oxford Studies in Metaethics*, Oxford: Oxford University Press, 2006: 73-98. Cognitivist Expressivism in T. Horgan & M. Timmons eds., *Metaethics After Moore*, Oxford: Oxford University Press, 2006: pp. 255-298.

（19）T. Horgan and M. Timmons, Cognitive Expressivism, in T. Horgan & M. Timmons eds., *Metaethics After Moore*, Oxford: Oxford University Press, 2006, pp. 255-298.

（20） Terry Horgan and Mark Timmons, Expressivism, Yes! Relativism, No! in Russ Shafer-Landau ed., *Oxford Studies in Metaethics*, Oxford: Oxford University Press, 2006, p. 73.
（21） 碧海純一『新版法哲学概論』全訂第一版（弘文堂、一九七三年）、三〇八―三一〇頁。
（22） 井上達夫「規範と法命題」（二）『國家學會雑誌』九九巻五号・六号、六二（三九四）―七一（四〇三）頁。
（23） 井上達夫「規範と法命題」（二）『國家學會雑誌』九九巻五号・六号、七一（四〇三）頁。
（24） Jon Tresan, Stevensen, C. L., in Hugh LaFollette ed., *The International Encyclopedia of ETHICS*, vol. VIII Rin-U, A John Wiley & Sons, Ltd., Publication, 2013, p. 5016
（25） Charles L. Stevensen, *Ethics and Language*, Yale University Press, 1944, p. 335 および島田四郎訳『倫理と言語』（内田老鶴店新社、一九七六年）、四七一頁。
（26） Charles L. Stevensen, Retrospective Comments in *Facts and Values*, Yale University Press, 1963, pp. 219-220.
（27） ibid., p. 1 および邦訳、一頁。
（28） ibid., p. 4 および邦訳五頁。
（29） ibid., p. 5, p. 11 および邦訳七頁、一五頁。
（30） より正確には、「わたくしは是認する」「わたくしは否認する」という言明は対象となっている行為を話し手が是認する、ないし否認するという話し手の態度の表明であって、話し手の信念体系とその態度が一致している場合に、意味論的に真であるということができるということである。つまり、「私は是認する」「私は否認する」という言明は、「私は対象となっている行為に否定的ないし肯定的な感情ないし信念を有している」という自己記述的命題ではないので真偽を問うことはできない。スティーブンソンは、この点に関して自らの過ちを認めている。C. L. Stevensen, Retrospective Comments in *Facts and Values*, pp. 210-214.
（31） ibid., pp. 27-28 および邦訳三六―三七頁。
（32） ibid., p. 30 および邦訳四一頁。
（33） ibid., p. 33 および邦訳四四頁。

（34）ibid., p. 43 および邦訳五八頁

（35）ibid., p. 54 および邦訳七三頁。

（36）Charles L. Stevensen, The Emotive Meaning of Ethical Term in A. J. Ayer ed., *Logical Positivism*, The Free Press, 1959, p. 271.

（37）ibid., pp. 272-273.

（38）C. L. Stevensen, *Ethics and Language*, p. 40 および邦訳五五頁。

（39）ibid., pp. 40-41 および邦訳五六頁。

（40）ビクター・S・ジョンストン著、長谷川眞理子訳『人はなぜ感じるのか？』、九九―一〇四頁。

（41）Charles L. Stevensen, The Emotive Meaning of Ethical Term, p. 279.

（42）Michael Ignatieff, Amy Gutmann eds., *Human Rights as Politics and Idolatry*, Princeton University Press, 2001, pp. 141-158 および添谷育志・金田耕一訳『人権の政治学』（風行社、二〇〇六年）、二一七―二四一頁。

（43）Terry Horgan and Mark Timmons, Expressivism, Yes! Relativism, No! in Russ Shafer-Landau ed., *Oxford Studies in Metaethics*, Oxford: Oxford University Press, 2006, p. 73.

（44）Cognitivist Expressivism in T. Horgan & M. Timmons eds., *Metaethics After Moore*, Oxford: Oxford University Press, 2006, pp. 255-256.

（45）Terry Horgan and Mark Timmons, Expressivism, Yes! Relativism, No!, p. 75.

（46）ibid., pp. 75-77.

（47）ibid., pp. 80-83.

（48）ibid., p. 85.

（49）ibid., pp. 86-89.

（50）ibid., pp. 92-95.

（51）H. L. A. Hart, The Concept of Law, 3rd edition, Oxford University Press, 2012, pp. 205-206 および長谷部恭男訳『法

の概念』（ちくま学芸文庫、二〇一五年）、三一九―三二〇頁。

（52）井上達夫は「政治的決定」の「正統性（legitimacy）」と「正当性（rightness）」を区別して、前者は正義構想を異にする人々によって等しく承認されうる根拠に基づかなければならないの対して、後者はその決定に服する人々が正しいと信じる正義構想への適合性であると定義している。井上達夫『世界正義論』（筑摩書房、二〇一二年）、一一九頁。

（53）Charles Taylor, A Secular Age, pp. 558-559.

（54）Taylor holds, referring to Heidegger, that the conditions of our forming disengaged representations of reality is that we must be already engaged in coping with our world, dealing with the things in it, at grips with them. Charles Taylor, *Philosophical Arguments*, Cambridge, Mass.: Harvard University Press, 1995, p. 11. 森田明彦 “Charles Taylor”『社学研論集』第一〇号（早稲田大学大学院社会科学研究科、二〇〇七年）。

（55）Hubert L. Dreyfus, Taylor's (Anti-)Epistemology, in Ruth Abbey ed., *Charles Taylor*, Cambridge University Press, 2004.

（56）Hubert Dreyfus & Charles Taylor, *Retrieving realism*, Harvard University Press, 2015.（村田純一監訳、染谷昌義・植村玄輝・宮原克典訳『実在論を立て直す』法政大学出版局、二〇一六年、二―八、四三―八九、一一七―一四七頁）

（57）Charles Taylor, *A Secular Age*, The Belknap Press of Harvard University Press, 2007, pp. 509-513.

（58）角田猛、ヴェルナー・メンスキー、森正美、石田慎一郎編『法文化の展開――法主体論のダイナミクス』（信山社、二〇一五年）。

（59）Eduardo Mendieta & Jonathan Vanantwerpen eds., *the Power of Religion in the Public Sphere*, Columbia University Press, 2011 および箱田徹・金城美幸訳『公共圏に挑戦する宗教』（岩波書店、二〇一四年）。Charles Taylor, Die Blosse Vernunft (“Reason Alone”), *Dilemmas and Connections*, The Belknap Press of Harvard University Press, 2011.

（60）Thomas Nagel, Public Education and Intelligent Design, Philosophy and Public Affairs 36, No. 2, 2008, p. 188, p. 194, p. 197.

第三章　人権の根拠に関する比較思想史の試み

第1節　人権の基礎付け

「世界人権宣言」の起草段階において、「人権」の基礎付けを巡り、異なった文化、宗教の代表者の間で激しい議論が生じ、結果的に、その第一条が「すべての人間は、生まれながらにして自由であり、かつ、尊厳と権利とについて平等である」という抽象的な表現に決着したエピソードは、「人権」の普遍性を特定の文化によってのみ基礎付けることの困難さを示すものである。[1]

今日、イスラム、仏教、儒教などの教義の再解釈を通じて、それぞれの地域に固有の人権の基礎づけ理論を生み出そうとする試みは世界各地で進められている。タイでは主流派宗教であるテラバーダ仏教の改革運動の中で、（人生における）苦は避けがたいこと、自己（という観念）が幻想であること、目標としての解脱、という仏教本来の核心的教えに回帰することが目指され、その結果、民主主義社会と人権の基礎となる以下の二つの原理が生み出されたと言われている。その第一が、究極的に一人ひとりの個人が悟りを開く責任を引き受けなければならないという観念、第二が（仏教の）非暴力の教えに基づく各人の自律性への尊重、すなわち他者への強制は最小限にすべきという観念である。チャールズ・テイラーは、人権と民主的発展を擁護する政治体制への収斂はタイでは異なった知的軌跡を辿ったが、結果的に西洋社会と同様な規範概念を生み出したと評価している。(2)

日本においても、人権に関する固有の基礎づけが必要とするとする主張は広く見られる。西洋中世史の研究者であった堀米庸三は、一九七五年六月に遺言としてカセットテープに吹き込んだスピーチにおいて以下の通り述べている。(3)

日本には、キリスト教が定着しないと同様に、人権の思想、そしてその底にある人間尊厳の思想というものも、定着することはなかろうと私は思っています。そしてもし、仮にもこの思想がそのままで日本に定着するならば、われわれは我が国の歴史を失うであろう、ということさえも私は惧れるのであります。

それならば、われわれは人間尊厳の思想の代りに何をもっているのかということになるわけですが、私一個の考えによりますならば、私達は、人間と同様に生きとし生けるものの、あるいは生命そのものの、尊厳を信じている。単にそればかりではありません。古代以来のアニミズムの思想、これが仏教と融合して、現在のわれわれの心の奥底にあるのです。これは敗戦以来の日本の若い世代には失われようとしている感情ですが、これこそがわれわれの、人間の尊厳乃至は生命の尊厳の思想の、根本的な土壌であり、これを自覚することなしに私達は本当の意味での憲法の精神をつくることは出来ない、と私は信じているのです。

繰返して申しますけれど、西洋流の、あるいはフランスの人権宣言、啓蒙思想からフランス革命に至るところの人権の宣言、あるいはアメリカ憲法の精神というものが、そのまま我が国の憲法の精神になるということは、あってはならぬことだと私は考えているのです。そして、私達の感情を深く規定しているもの、つまり、われわれの憲法あるいは思想のアプリオリであるもの、それは、万有仏性の思想であります。

私は、戦後世代が日本本来の精神を失いつつあるとは思っていないし、日本人の根源的な思想の土壌が万有仏性の思想であるという主張にも若干の留保があるが、「フランス人権宣言やアメリカ憲法の精神」と日本人の心性との間には大きな溝があるという堀米の洞察には深く同意する。なお、日本における人権規範の正当化根拠として、日本固有の人権の基層哲学を構想するという試みは、日本の歴史やその文化・伝統を絶対視するものではない。

文化とは常に生成・変容するものであり、その引き金ないし素材はしばしば外部から到来する。

例えば、溝口睦子は、(五世紀初頭の)対高句麗戦における敗北のショックが、当時の日本社会に抜本的な体制の変革を引き起こすきっかけとなったのではないかとの考察を示し、その衝撃を幕末期の黒船来航や、唐・新羅の連合軍に惨敗した六六三年の白村江の戦いに比肩するものと述べている。(4) また、これらの外圧と同様あるいはそれ以上の衝撃が、一九四五年の敗戦によって日本社会にもたらされたことは明らかである。(5) さらに、一九八九年の冷戦の終結に伴う世界構造の変容と米国の対日政策の変化によって、戦後日本社会に定着していた心情的な一国平和主義が打ち破られたことも、歴史的な衝撃の一つに数えることが出来るであろう。(6)

そもそも、日本文化とは何かを決定する主体は、日本に住む人々そして日本に関わる人々であり、それらの人々は過去の歴史的遺産、文化的伝統を踏まえつつ、新たな日本文化を創造する主体的権利を有している。

チャールズ・テイラーが述べているように、「過去とは現在の状況の源であり、未来とは自らの行動が過去とともに決定する生きられた時間(lived time)」なのである。(7) したがって、日本における人権規範の正当化根拠を明らかにしようとする試みには、歴史的・実証的研究と同時に、現代日本の何を変え、何を残すべきなのかという規範論的な検証が必要である。

一般に「人権」の根拠は「尊厳」であると言われている。この概念は西洋において形成されたものであるが、「世界人権宣言」を通じて今日では広く普遍的な観念として世界に普及している。しかし、一方で「尊厳」は西洋的偏向を伴った概念であって必ずしも普遍的なものではないという批判(8)もある。

私は、「(人間の)尊厳」という観念は、(1)(支援を必要とする人々への特別な配慮を含む)すべての人間が平等な尊重と配慮に値する存在であるという人間観、(2)国家・共同体は一人ひとりの人間が「善き生」を生きるために存在するのだという社会観を正当化するそれぞれの文化に基づく「人権の根拠」構想を総称したものであると考えている。

私は、今日の世界は、趨勢として、このような人間観・社会観を共通の達成目標・理想とする方向へと向かっていると考えている(9)。

また、人権とは「主体的権利」である。前近代社会における権利が、権威を有する者や組織によって与えられた「臣民」の「特権」であったのに対して、「人権」はその保有者がその実現のために参画することが予め想定されている「主体者の権利」なのである。そして、人権はひとであることだけを根拠にすべての者に与えられる普遍的権利である。

一方、日本では、法社会学者の六本佳平が指摘するように、「人が具体的法律問題に直面した状況において、実定法上自己に与えられている特定の権利について自覚的に意識していること、およびそれを主張する意欲をもっていること」である「権利意識」は十分に広まってきているのに対して、「自己と他者の社会関係を何らかの明確なルールによって規律された関係、…準則に基づく平等な主体間の権利・義務関係」とみなす考え方である「権利観念」はいまだに定着していないように思われる(10)。

実際に近年実施された国際的な法意識の比較調査(11)でも、日米中の間で法意識、六本の「権利意識」についいては相違点よりも類似点が目立つという結果が出ている。同調査によると具体的な紛争事例において法的に保障された利益をどのような形で実現するかという観点からすると、日本人もアメリカ人も中国人もその対応には大きな相違はないということである。確かに、この意味での「権利意識」は日本社会にも古くから存在していたのである(12)。

一方、上記調査によると、日本人は自らの「正義感覚」と法がズレていると感じており、日本土着の「正義感覚」と舶来の司法システムや法とは、融合せずに二重構造をなしている。その結果、日本では法的解決は合理的で法に関わることがそう悪いことでもないと考えられる一方で、法的解決は人情がなく、不快だと感じられており、常識に従う生き方が肯定され、遵法精神は低いという特徴があるとされている。確かに裁判員制度の導入や法科大学院の開設等の司法制度改革にもかかわらず、裁判所を通じた司法救済は多くの国民にとって、依然身近な手段とは感じられていない(13)。

米国の日本法研究者であるジョン・オーウェン・ヘイリーは、日本社会がその近代化に際して、当時もっとも先進的と考えられたローマ法に基づく西洋の法体系を積極的に吸収し、自らのものとしていった反面、国家（司法）が裁判を通じた法の直接的な適用に抑制的で、紛争解決を企業や政府などの「共同体」に委ねている点を日本の特色として挙げている。ヘイリーは、各「共同体」は法律や判例を参照しつつ、法に適合する形で自律的に紛争を解決することを選好しており、日本社会、特に各「共同体」内の社会的密度が共同体の規律を効果的に強制し得る要因となっていること、その結果日本では司法による広汎かつ直接的な介入無しに法による支配が実現しているが、一方で共同体の閉鎖性が個人の自立性を阻害していると指摘している[14]。ヘイリーの分析は前述の法意識に関する国際比較調査の結果とも整合的である。

但し、私は共同体の閉鎖性が個人の自立性を阻害しているというヘイリーの評価には必ずしも同意できない。日本の大学での教育体験をもつキャシー・デイヴィドソンは、日本の大学生は個人では自己主張しないが、集団としては積極的に意見を発表できることを発見し、日本の大学の授業に「班」活動を導入したところ、それまで発言しなかった学生達が活発に意見を発表するようになったと述べている[15]。長い滞日経験を持つある米国人牧師も、日本ではキリスト教、仏教、神道といった宗教・宗派を超えた日常的連携が可能であるのに対して、米国ではキリスト教内部においても宗派の異なる教会同士が協働することははるかに困難であると自らの体験に基づいて語っていた。つまり、個人と集団のあり方は社会や文化によって多様であり、しかも時代によって変化するものであって、個人主義というそもそも曖昧な基準で一刀両断に分類できるようなものではないということである。

ただし、このことは日本社会にまったく問題がないという意味ではない。

私も、国連・子どもの権利委員会に対する個人通報制度を創設するための、新たな子どもの権利条約議定書作成を目指す国際キャンペーンに参加して、日本政府関係者や各国政府代表、世界のNGO関係者と議論する中で、日本がこの制度に加盟し、国際的な個人通報制度を活用するためには、克服しなければならない根本的な課題があると感じた。

個人通報制度とは「国内的な救済手続きを尽くしても、なお権利救済が実現しなかった場合に、関連する国際的な人権委員会に救済申立を行い、審査・勧告を求めることが出来る」制度である。ただ、そもそも日本では、人権侵害を受けた者が裁判によって権利救済を求めることは、一般市民にとってはほとんど馴染みのない、非日常的な手段と感じられており、とくに「お上意識」がいまだに強固な地方社会において、法制度や行政組織などの構造的課題に関して地方自治体ないし政府を相手取って行政訴訟を起こすことは、一般市民にはほとんど不可能に近い[16]。

子どもの権利委員会に対する個人通報制度（子どもの権利条約新議定書）について審議する国連人権理事会のオープンエンド作業部会において、中国政府代表が「裁判の原告となり、個人通報の当事者となった子どもは現在も、そして今後も同じコミュニティのなかで生きていかなければならないことに我々は留意すべきである」と発言したが、その懸念は日本社会に生きる私たちには十分に理解できるところである。

予め自分の立場を述べておくと、私はこの問題を、キリスト教のような一神教文化圏における普遍的な価値の存在を信じる社会で生成したとされる普遍的正しさとされる観念が、そのような価値体系を持たない日本という社会でどのように受容されるべきかという、いわば民族精神の課題として取り上げることには慎重であるべきと考えている。例えば、一神教とされるキリスト教の普及度で比較すると、キリスト教徒人口が全人口に占める割合は韓国が二九・三％（一四一〇万人）、中国五％（六七〇七万人）、日本一・六％（一九五万人）と東アジアでも大きなばらつきがある。[17] しかし、日中韓における民主主義や法の支配の成熟度、基本的人権の尊重の度合がキリスト教人口の割合に比例しているとは考えられない。

チャールズ・テイラーはこの課題を「西洋の近代的な権利の言説は、自律的な個人、つまり広範な社会的合意に抗して自らの権利を要求することに断固とした個人に名誉ある立場を与えている」が、「その最高の表現として、自らの権利のために全ての社会的遵奉の力に抗して戦う孤独な勇気ある個人を想定する西洋的な人権の精神を吸収した人々は、果たして、（緊密な人間関係をより尊重する）儒教的な社会において良き構成員であることが出来るのであろうか[18]」と定式化した。私も日本社会の非民主的・権威主義的な慣習や考え方に辟易してきた者として、心情的にはテイラーの見方に深く共感するところがあるが、一方で民主的な価値観を自然体で身に付けている日本の子どもや若者達を見ると、日本社会の閉鎖性や非民主的な価値観も、自分の世代限りの歴史特殊なものなのかも知れないとも感じるのだ。

私は、人権が多様な文化のもとで普遍的な規範理念として土着化するには、前述の通り、（1）（支援を必要とする人々への特別な配慮を含む）すべての人間が平等な尊重と配慮に値する存在であるという人間観、（2）社会・組織・共同体は一人ひとりの人間が「善き生」を生きるために存在するのだという社会観が共有される必要があると考えている。

私はこの人間観および社会観自体は、工業化、都市化、グローバル化によって社会が複雑化するにつれて、次第に支配的になる人間観・社会観であり、特殊西洋的なものとは考えていない[19]。但しこのことは、人権が想定する人間観、社会観が何らかの知的・精神的格闘無しに、ある社会に定着し得るということではない。

武田清子は日本社会におけるキリスト教の受容の諸形態について論じる中で、一つの宗教なり思想の「本当の土着」とは、一粒の麦のように「種まかれた土壌の中に深く身を没し、自らを失うように見えながら、その土壌の本質をゆさぶり、新しい価値をもって対決することを通して、その土壌のふところから新しい生命が芽生えその生命を原動力とした新しい文化、新しい思想、新しい生活が育ってゆくことを意味すると思う」と述べた。そして、日本におけるプロテスタンティズムの土着の課題は、そのまま「近代日本思想史における人格的主体としての人間観の確立、人間形成の課題、および、それと対応する新しい社会関係の形成の課題に深くつながった課題」であると総括している[20]。

私も武田の見解には深く同意するが、新しい社会関係への経路および構成要素はそれぞれの社会で異なると考えている。例えばチャールズ・テイラーは、西洋の近代的アイデンティティの三つの特徴として「内面性の感覚」、「日常生活の肯定」、「道徳的源泉としての表現主義的自然観念」

を提示する。そして、それらの源泉として、（1）キリスト教の伝統に基づく有神論的基礎に加え、（2）プラトンから、アウグスティヌスの内面への転回を経て、デカルトが創始し、ロックによって徹底された、「距離をおいた理性」と「自然の道具的な解釈」に基づく「自由な、理性的に推論する主体」という自己理解が生み出す自律性に基づく自己責任と尊厳の感覚、（3）アウグスティヌスからモンテーニュを経て、ルソーやヘルダーを通じてヘルダーリンに代表される後期ロマン主義において定式化された、人間の創造的想像力と内的な道徳的源泉としての自然の感覚の結びつきによる「承認された独自性」の感覚、の三つを挙げている。

西洋における近代的人間観の特徴とその系譜（源泉）が、日本のそれと全く異なっていることは自明である。したがって、日本社会に「人権」という規範理念が定着するには、（1）（支援を必要とする人々への特別な配慮を含む）すべての人間が平等な尊重と配慮に値する存在であるという人間観、（2）社会・組織・共同体は一人ひとりの人間が「善き生」を生きるために存在するのだという社会観を日本文化に深く根差した言語で表現し、定着させる必要がある。

本章では、この問題に対して歴史的アプローチを試みる。

アマルティア・センが指摘するように、人間の自由や生命を尊重する考え方は古代より世界各地に宗教的信条ないし哲学的構想として存在していた。しかし、この事実をもって人権という規範概念の超歴史的な普遍性を証明しようとする試みは、歴史的な検証に耐えるものではない[21]。個人が保有し、その実現の責任を担う「主体的権利」[22]としての人権は、明らかに西洋近代において形成された概念なのである。

もちろん、第二章で述べた通り、人権が歴史特殊な道徳観念であるとしても、人類がその信念に対して一人称の立場でコミットしている現在（「世界人権宣言」はその一つの例証である）、この理念は普遍性を持つと考えることができる。

しかし、「人権」は何時から普遍性を有するようになったのだろうか。フランス革命当時は白人成人男性に限られていた「人権」が、すべてのひとに保障されるものと考えられるようになったのは、第二次世界大戦後である。

本章では、先ず西洋社会における人権という概念の形成史を概観し、一般に個人主義的と考えられる人権が西洋社会において受容されるには、キリスト教共同体主義を必要としたことをサムエル・モインの論考に基づき確認する。次に、「わたくし」「おほやけ」という日本の徳川時代の個人と社会の関係、およびその「入れ子状」の階層社会意識が特に第二次世界大戦後に大きく変容しつつあることを概観し、そのような日本社会に適合的な近代的自己のモデルとして、非西洋社会で支配的な「情緒的相互依存的自己」の構想を一つの参照例として提示する。さらに日本流の近代個人主義者の実例として近代日本のキリスト教社会活動家であった賀川豊彦を取り上げ、その人格主義がキリスト教とともに、日本の伝統的な民衆道徳である「俠客道」によって形成されていたことを確認する。

第2節　人権の受容にキリスト教共同体主義が果たした役割――西洋

カール・ウェルマンによると、人権はストア派の道徳・政治理論の中で生まれ、トマス・アクィナスによってより完全に理論化された、自然権という観念として始まった。この自然権は実定法とは独立して、それ以前に理性によって知覚し得る道徳法ないし道徳規範であり、元来、正しい行為を指示し、不正な行為を禁止するもので、個人に権利を付与するものとは考えられていなかった。その後、西洋中世の哲学者、特にオッカムのウィリアムが、自然法は正しく行為する道徳的権能ないし自由としての自然権を個人に付与するという考え方を発展させ、ヒューゴー・グロティウスが、自然権は道徳的に正当化された国際法の原則を決定することを可能とすると論じたとされる。ウェルマンは、この伝統的な自然権の考えが、各国の憲法に対する権利章典の編入と、国際法への人権の導入を生み出したと述べている(23)。

しかし、ウェルマンは、自然権は人間の理性の自然な光によって知られる神の命令から成る自然法によって付与されるという伝統的思想は、その後、道徳哲学者および法律家の間で影響力を失い、ジャック・マリタンのようなトマス・アクィナスの哲学を継承した思想家を例外として、大半の道徳・政治哲学者は神聖な立法者の存在に懐疑的となったと言う。そして、カント学派を除いて、根本的な道徳原理は純粋理性によって知り得るという認識論上の仮説を否定するようになり、道徳理論の主流は功利主義となったと述べている。

功利主義の哲学に基づき自然権思想を批判し、実定法一元論を説いたのがジェレミー・ベンサム（一七四八―一八三二年）である。功利主義を哲学として完成させたベンサムは「人権」という観念の存在を信じなかった。ベンサムの法思想はジョン・オースティン（一七九〇―一八五九年）に継承されて、古典的分析法理学が生み出され、二〇世紀にはドイツのハンス・ケルゼン（一八八一―一九七三年）の純粋法学へと至る。

しかし、功利主義にもとづく法実証主義は、第二次世界大戦によって深刻な打撃を受けることになる。古賀勝次郎はハイエクを引用して、「立法者の意思によって目的意識的に制定されたもののみが法だとする」法実証主義が一九世紀後半のドイツで支配的になった結果、「法の支配」はその実質的内容を失い、立法府によって権威を与えられればすべての国家行為は合法とみなされ、法治国家を社会主義、ナショナリズム、ファシズム、ナチズム、官僚主義的行政国家を容認する専制的な国家へと変容させる理論的道筋を開いたと解説している[24]。

一方、衰退したと思われた自然法論は、第二次世界大戦のドイツにおいてナチズムに対する反省から生まれた再生自然法論として復活し、その後新トマス主義、プロテスタント系の自然法論、実存主義の自然法論、法史学の研究にもとづく自然法論など様々な自然法論が誕生したが、人権原理の実定法化の進展とともに一九五〇年代後半になると次第に鎮静化した[25]。

しかし、ウェルマンは一つの重要な見落としをしている。

近年、「人権」を巡る思想史的研究が進むなかで、一九三〇年代から四〇年代にかけて、ヨーロッパ大陸を中心に近代的な原子論的個人主義に対する反動としての共同体主義が台頭し、しかもこの共同体主義が、当時まったく周縁化されていた「人権」理念を西洋の支配的規範概念とすることに大きく貢献したことが明らかになってきている。イェール大学教授で人権史を専門とするサムエル・モインの論考に基づき、この歴史的逆説の経緯を概観する。

一九三一年、当時のフランスにおける右翼集団であった「新秩序（Ordre Nouveau）」は「われわれは個人主義者でも集団主義者でもない。われわれは人格主義者である」と宣言した[26]。「人格主義（personalism）」の提唱者は、ロシアの宗教的人格主義の伝統を西洋に伝えたロシアからの亡命者ニコライ・ベルジャーエフ（Nicholas Berdyaev）、「新秩序」を創設したアレクサンドル・マルク（Alexandre Marc）、陰の指導者と言われるニーチェの信奉者アルノー・ダンデュー（Arnaud Dandieu）など多様であったが、リベラリズムと共産主義という競合する物質主義を拒絶するという特色において共通していた（PCOH, 87-88）。

モインは、「人格主義」が特にヨーロッパ大陸における一九四〇年代の人権を巡る観念の主要な特色であったと主張する。モインは、戦間期のヨーロッパ大陸において人権という観念は革命的ないし共和主義的な遺産と繋がるものではなく、人権がヨーロッパ大陸に受け入れられたのは、当初は保守主義・反リベラリズム的であった「人格主義」という観念を通してであったことをさまざまな資料から明らかにしている。

のちに「世界人権宣言」の作成に大きく寄与するジャック・マリタンも、一九三〇年代には王党派で反ユダヤ主義を標榜していたアクション・フランセーズ（Action Française）に所属し、「西洋の守護者」を自称する活動的な反動的青年たちの集まりである青年右派（Jeune Droite）もマリタンの取り巻きの一部であった（PCOH, 88）。彼らの多くはそのままフランスの保守主義の運動の枠に留まったのに対して、マリタンは彼らとの関係を絶つことになる（PCOH, 88）。しかし、マリタンは一九三六年当時、『完璧なヒューマニズム（Integral Humanism）』において、「ひと（person）」を認める一方で「権利」は否認していた（PCOH, 91）。

非順応主義者として一九三〇年代に雑誌『エスプリ（Esprit）』を創刊したエマニュエル・ムーニエ（Emmanuel Mounier）も、「人格主義」を通じて、ヨーロッパを世俗的、リベラリズム的な個人主義という過ちから解放し、原子化された個人を共同体に取り戻すことを目指したが、「われわれが対決しているイデオロギーとは、個人権（individual rights）を原理とする一七八九年のそれである」と主張している（PCOH, 89）。

マリタンを含むヨーロッパ大陸全体の「権利」への改宗は、カソリック教会の「人格主義（personalism）」への改宗抜きには考えることができない。一九三〇年代半ば、当時のローマ教皇ピウス一一世（Pius XI）は反全体主義に舵を切り、カソリック教会の精神的基盤として「人格主義」に転じた。さらに、ピウス一一世は一九三八年末に「キリスト教の教義のみが人の権利（human rights）と自由の要求に十全な意味を与える。なぜなら、キリスト教の教義のみが『ひとの人格（human personality）』に価値と尊厳を与えるからである」と述べている（PCOH, 93）。

モインによると、マリタンはカソリック教徒のなかで傑出した人権の解釈者となり、人権をキリスト教の伝統に作り変えた（PCOH, 94）。

モインは、キリスト教のみが人権を正当化し得るという、マリタンによって作り上げられた論理の道筋は、「新たな権利言語にとっての共同体主義的な枠組である『ひと（human person）の尊厳』を強固なものとしたと述べている（PCOH, 95）。

「非全体主義的な共同体における非個人主義的な『ひと（person）』」という全体的な枠組のなかに「権利」が導入され、マリタンは次第に形式的自由と形式的民主主義とリベラルな個人主義が結びついているという従来の考え方を放棄した。それまで非難してきた形式的なブルジョア的自由は、キリスト教国家さらに精神的な国家間秩序の外殻として生まれ変わらなければならないと考えられるようになったのだ。この革新的発想は、新たな環境で人格主義的共同体主義を維持することに明らかに貢献した（PCOH, 96-97）。

一方、ムーニエも権利に基づく人格主義を受容し、非順応主義から急進左派へと転向した。ムーニエの影響はおもにフランス、ベルギーにおよび、常設国際司法裁判所および国際司法裁判所の裁判官を務めたチャールズ・デ・ビスシャー（Charles De Visscher）、ニュルンベルク裁判のフランス判事団団長を務めたフランソワ・ド・マントン（François de Menthon）等を輩出した。とりわけマントンは、ナチス・ドイツの「人間性に対する罪」を「精神に対する罪」であり、国家社会主義は市民の人格（personality）を国家のそれに吸収し、ひと（person）固有の価値を否定したと、人格主義に基づく権利論を明確に主張した（PCOH, 97-98）。

マリタンは引き続き、人権の人格主義的な構想を提唱し、実際に「ひと（human person）」は国連における主要な概念となったのである。例えば、「世界人権宣言」に人格主義的用語を盛り込んだのはレバノンの外交官でキリスト教徒だったチャールズ・マリク（Charles Malik）であるが、マリクは「キリスト教において、『個々のひと（individual human person）』は絶対的価値を有している」「われわれのすべての自由の根拠は、キリスト教における『ひと（human person）』の絶対的不可侵性にある」と述べている（PCOH, 98-99）。

モインは、戦後長い間にわたって実効的な国際人権法が存在しなかったことに言及して、戦後初期の人権に関するほんとうの物語は、その国家と地域レベルでの定着にあったと指摘する。ヨーロッパ統合に向けた歩み、さらに当初はまったく印象に残らなかったヨーロッパ人権レジームの発展において、人格主義的共同体主義は、ヨーロッパ大陸内の国内的再建および地域的なヨーロッパの建設において土台となるイデオロギーとなったのである。モインはヨーロッパ人権条約（一九五〇年）について、その初期には中立の権利もなく実質的な活動もほとんどなかったことは、植民地の非常時における権利の逸脱可能性に起因するというよりも、西ヨーロッパのアイデンティティが法的に強制可能な権利保障以上にその価値に依存していたという、イデオロギー的な合図であったと評価している（PCOH, 99-101）。

モインによれば、ドイツ基本法第一条が人間の尊厳を承認したことは、ナチス・ドイツの過去への訴求的な反応としてではなく、その過去を乗り越えうる唯一の道徳的未来への未来志向的な言及として捉えるべきであると主張する（PCOH, 102）。

モインは結論として、戦後における人権の時代を用意した外交上および学問上の観念の変化は、「集団から個人へ」と特徴づけられると同時に「個人（individual）からひと（person）へ」と特徴づけ得ると主張する（PCOH, 105）。

モインは、後に共同体主義が権利言語に対する主要な挑戦者として現れたとき、この議論に参加した者は、戦後まもないヨーロッパでは権利言語は共同体主義を排除するところか、支持していたことをほとんど記憶していなかったと指摘する。しかし、一九七〇年代後半より人権が爆発的に発展し始めたとき、キリスト教人格主義は明らかに周縁化されたのである（PCOH, 105-106）。

以上のモインの論考はさまざまな意味で興味深いものがある。一般的に個人主義的と批判される人権理念が実はキリスト教共同体主義に基づく人格主義によって西洋社会に定着したという洞察、一九三〇年代から四〇年代にかけて西洋ではカソリック教会を中心とする保守的な思潮が存在し、彼らはリベラリズムとコミュニズムをともに物質主義に基づくものとして批判していたこと、戦後のヨーロッパで実質的な人権保障制度が発展する以前に、人間の尊厳を保障するものとしての権利の重要性がキリスト教的伝統のもとですでに広く受容されていたという洞察は、「理念としての人権」さらに「道徳的権利としての人権」がどのように定着するのか、あるいは定着させるべきなのか、という課題に対して、一つの示唆を与えるものである。

私は、前述の通り「理念としての人権」は（1）（支援を必要とする人々への特別な配慮を含む）すべての人間が平等な尊重と配慮に値する存在であるという人間観、（2）国家・共同体は社会的存在である一人ひとりの人間が「善き生」を生きるために存在するのだという社会観を前提としており、「理念としての人権」を定着させるには、それぞれの文化・言語のもとで異なった正当化が必要とされると考えている。

とりわけ、重要なのは（2）の組織・集団は個人の「善き生」を実現するために存在しているという社会観である。確かに、マイケル・イグナティエフが述べているように、人権の最終的な保証者は今日の世界においても国家である[27]。しかし、このことは人権が国家ないし政府によって制約できるという意味ではない。井上達夫はこの点について以下の通り述べている[28]。

それ自体が専制化する危険性を秘めた主権国家なるものがあえて創出されなければならなかったのは、中世的システムを支配する身分制的な特権と桎梏を超えて個人が人間としてもつ権利という人権の理念を創出し、この人権を、中世的システムを構成する自立的な社会権力による侵害から実効的に保障するために、かかる社会的諸権力を統制できる強力な「主権的＝至高的（sovereign）」な権力として国家を樹立する必要があったからである。主権の至高性とは社会的諸権力に対する至高性であり、人権のような規範的理念に対する超越性ではない。人権は主権の単なる外在的制約ではなく、その積極的正当化根拠であり、それを否定すれば主権は自らの存在理由を失うという意味で、主権の内在的制約である。

西洋においては、一九三〇年代から四〇年代にかけて、物質主義と当時広く考えられていたリベラリズムとコミュニズムに対する対抗思潮としてキリスト教共同体主義が台頭し、個人主義とは異なったキリスト教人格主義のもとで「権利」の言説が受容されたことは、一つの歴史的教訓としてたいへん意義があると思われる。

ちなみに日本では、大正時代（一九一二―一九二六年）から戦後にかけて活躍したキリスト教社会活動家の賀川豊彦の精神的バックボーンの一つが、キリスト教人格主義であると言われている。この点については、のちほど詳述する。

つまり、一九八〇年代に英米圏を中心に行われたリベラル・コミュニタリアン論争のおよそ五〇年前に、もう一つの共同体主義が西洋社会には存在し、しかも人権という規範理念が西洋で受容されたのは、この共同体主義によるところが大きかったという事実は、人権の正当化根拠としてそれぞれの社会の精神的・思想的資源を活用することの重要性を示しているように思われる。

第3節　人権が想定する人間観・社会観の発展——日本

渡辺浩によると、江戸時代における「おほやけ」「わたくし」は、相対的な「上」「下」、「外」「内」、「表」「裏」に関わる語であり、横に並ぶ関係ではなく、大きな「おほやけ」の中に複数の「わたくし」が存在し、その「わたくし」も、その中のさらに小さな「わたくし」に対しては「おほやけ」となり、以下入れ子状の「おほやけ」「わたくし」の連鎖が続き、最小の「わたくし」に至るという構造をなしていた(29)。つまり、「おほやけ」「わたくし」の関係は権力上の上下関係であり、「おほやけ」は、個人(私)が自発的意志によって共同することによって生み出す「公共(public)」とは全く異なった観念なのである。

垂直的・階層的意識が優勢な社会では、その社会を自分(私)が他者と共同で作り上げる「公共世界」として認識することは困難であり、自らを主権者としての国民、すなわち権利と尊厳において平等な存在として認識するという余地はきわめて限定的である(30)。

それでは、絶対主義的な集権制度が支配的な社会であった江戸時代には、どのような道徳原理が発展したのだろうか。

東洋《あずまひろし》は、江戸時代に確立した道徳原理を「分け前的平等主義」、人権の道徳原理を「規範的平等主義」と定義し、以下のとおり説明している。すなわち、「規範的平等主義」が、まず権利やルールを平等にし、そのルールに基づく公正な競争を期待するのに対して、「分け前的平等主義」は、個人が担当する役割とその役割に伴う責任とを合わせた「役」ないし「職分」を忠実に果たしていくことが正しいとする道徳原理であり、同じ役・分のなかでは人並みの分け前が保障されることを期待する。「分け前的平等主義」が成立するには、社会的流動性が少なく、外部との接触が限られた、固定的な身分制社会が必要である。東は、江戸時代に確立した「分け前的平等主義」は明治維新後、役・分の枠が国民一般にまで広がり、第二次世界大戦を経て役・分の流動性がはるかに高くなり規範的平等意識が浸透してきた現代においても、依然、日本社会の基層的行動原理として機能していると分析している。[31]

東はさらに、集団主義を、個人の目標より準拠集団の目標を優先させ、自我は抽象的な個性ではなく他の人びと、またはその場面との関連で認識されるような性質をもつものとみなされる考え方と定義したうえで、通常は社会が複雑化し、個人の準拠集団がひとつでなく多様化し、それらの間に不一致や矛盾が生じる結果、特定の人間関係に依存しない自我を前提とする個人主義への移行が始まるが、江戸時代の日本は鎖国により極端なゼロサム性と低い流動性を特徴とする社会となった結果、逸脱への許容度が低い社会となり、集団主義からの脱却が自我の一貫性を求める個人主義化の方向ではなく、その時の役割や立場によって行動原理が異なることを許容する「分け前的平等主義」という形で進展したと分析している。[32]

しかし、第二次世界大戦後、米国の占領統治下において日本は根本的な体制変革と国家の基本的理念の転換を体験したはずである。[33] したがって、現代日本社会の支配的道徳原理を検討するには、戦後の占領政策の影響を検討する必要がある。[34]

森嶋通夫は、第二次世界大戦後の米国による占領統治政策の中で、長期的に最も強力な影響を生み出したのは、教育制度の改革であったと分析する。森嶋によれば、この教育制度の転換によって、戦前の教育を受けた人間と、戦後教育を受けた人間との間に大きな精神構造のギャップが生まれ、戦前の教育を受けた人間が社会で優勢であった間は企業内での再教育ないし選別を通じて、戦後の新たな教育を受けた人間を戦前の教育を受けた人間の価値観へ従属させることが出来たが、やがて、戦前の教育を受けた人間の大半が現役から退くようになった一九八〇年代末以降、日本は戦後教育を受けた人間が中心となる全く異なった性格の国になったのである。[35]

森嶋は、日本国民を以下の三つのグループに分類している。

（a）一九四一年以降に生まれた「戦後」世代。
（b）一九二四年以前に生まれ、戦争が終わる前に教育を終えた「戦前」世代。
（c）一九二五年と一九四〇年の間に生まれ、教育期間中のある時点で旧教育から新教育に移らされた「過渡期」世代。

森嶋によれば、一九六〇年代および一九七〇年代には戦前世代が日本の実業界や政界を支配していたが、一九八〇年代には権力が戦前世代から過渡期世代へ移行し、一九九〇年代半ば以降、さらに戦後世代へ移行し始めた。日本では支配的立場に立つ官僚はおおむね五三歳以下であり、財界では幹部社員の平均定年は六三歳であるが、社長・会長・相談役は七三歳前後まで現役に留まる。政治家は企業経営者よりさらに高齢まで働く者が少なくない。森嶋は、「一九九〇年代前半には官僚はすべて戦後教育を受けた人であり、他方で企業のトップ経営者の多くはまだ戦前世代か過渡期世代の人であり、さらに政界にはまだ時代遅れの考え方をする人たちがのこっている」と述べ、一九八〇年代初めまで有効に機能していた政官財の協力関係が、一九九〇年代前半には機能不全に陥った原因は、それぞれの世界の支配層の間の精神構造のギャップにあったのではないかと指摘している[36]。

明治維新以降、一九四五年まで日本の公式イデオロギーであった国体思想が天皇を頂点とする家族国家観に基づく垂直的集団主義であったこと、第二次世界大戦後の占領統治下の初期に米国が導入した民主主義が水平的個人主義を基調とするものであったことを踏まえると、森嶋の提示したイデオロギー上の世代間対立という図式は、一九九〇年代以降の日本の統治制度の機能不全の説明理論としてきわめて有効であるように思われる。もし、この森嶋の分析が正しいとすれば、今後、戦後世代が増えるにつれて、世代間の精神構造上のギャップは縮小していくものと思われる。事実、ＮＨＫ放送文化研究所が一九七三年より実施している「日本人の意識調査」でも、世代間の意識格差は「戦争世代（一九二八年生れ以前）と第一戦後世代（一九二九年から一九四三年生れ）間」「第一戦後世代と団塊世代（一九四四年から一九五三年生れ）間」「団塊世代と新人類世代（一九五四年から一九六八年生れ）間」「新人類世代と団塊ジュニア世代（一九六九年から一九八三年生れ）間」「団塊ジュニア世代と新人類ジュニア世代（一九八四年から一九九二年生れ）間」の順で小さくなっている。[37]

つまり、戦前の公的精神構造であった垂直的集団主義は戦争世代を中心に残存し、一九八〇年代半ばまでは日本社会で優勢であったが、より若い過渡期世代および戦後世代に権力が移行するにつれて、水平的個人主義が増加してきていると推定できるように思われる。

それでは、青少年を中心とした水平的個人主義的価値観の定着は、主権者意識、すなわち政治面での主体者意識にどのように影響しているだろうか。

上記「日本人の意識調査」によると、「国会議員選挙の時に、私たち一般国民が投票することは、国の政治にどの程度の影響を及ぼしていると思いますか」という質問に対して、①非常に強い影響を及ぼしている〈強い〉、②かなり影響を及ぼしている〈やや強い〉、③少しは影響を及ぼしている〈やや弱い〉、④まったく影響を及ぼしていない〈弱い〉、の四つの選択肢による回答を求めたところ、戦争世代（一九二四—一九二八年世代）がもっとも高く、そのあと団塊ジュニア世代（一九六九年から一九八三年生れ）に至るまで世代が若くなるほど政治的有効性感覚は低くなっているが、次世代の新人類ジュニア世代（一九八四年から一九九二年生れ）からは全般的に政治的有効性感覚が向上しており、しかも若い世代ほど高くなっている。[38] さらに、選挙権が一八歳に引き下げられた最初の国政選挙となった第二四回参議院議員通常選挙（二〇一六年七月）では、高等学校において積極的な主権者教育を受けた一八歳の投票率は五一・一七％と、すでに高校を卒業してそのような教育を受けられなかった一九歳の三九・六六％と比較して一〇ポイント以上も高い投票率を示し[39]、いわゆる適切な民主主義教育が若者の政治への参加意識を大きく変える可能性を持つことが確認された[40]。

つまり、戦後の日本では二〇世紀末まで国民の主権者意識の持続的な低下傾向が見られたが、その後若い世代を中心に主権者意識の復活が見られるということである。しかも、若い世代の主権者意識は、アジア諸国を日本と同列に捉える新しい水平的価値観と並行して発展している[41]。

第4節　非西洋社会で可能な権利主体としての自己──情緒的相互依存的自己

佐藤淑子は、人には基本的に、ものごとをよりよく成し遂げようとする「達成動機」と、他の人と友好的な関係を構築しそれを保ちたいという「親和動機」の二つがあり、この二つの動機が、アメリカ人の間では負の相関関係にあるのに対して、日本人では正の相関関係にあるという実験結果を明らかにしている[42]。

「親和動機」と「達成動機」が共存ないし相補関係にある精神構造を持つ個人にとって、自分が帰属する組織・社会を客観視し、場合によって、それらと対立してでも、自己の超越的信条に基づいて新たな組織・社会モデルを構築しようとする強い意志ないし意欲を持つことは、一般的に困難であるように思われる。

佐藤淑子は、この点に関して、「日本人の場合、自他が未分化である対象に対してはむしろ自己主張できる傾向にある」と述べ、その理由として、「主張することによってお互いの絆が揺り動く可能性が低く、相手の信頼を失うリスクがない」という点を挙げている[43]。

トルコの心理学者キャーウトチバシュは、米国および西洋の心理学が西洋の個人主義的な文化的エートスを省察し強化する中で、自己と非自己の境界を構成する線を狭くかつ明確に引いてきたこと、そして米国の心理学が（世界の心理学界で）最も有力な立場を占め自己完結的であることから、米国の固有の実証的現実に基づき生み出された知識がしばしば普遍的なものと想定されてきたことを指摘した上で[44]、社会・文化、家族、（両者から生み出される）自己の間の機能的・因果的関係性を理解する実践的な装置として、「相互依存モデル」「独立モデル」「情緒的相互依存モデル」という三つのモデルを提示する。

「相互依存モデル」とは、緊密な家族・人間関係を伴う伝統的な田舎の農耕社会に見られるもので、家内生産、農業生産・消費、子どものケア等の役割を一族（kin）で担う機能的拡大家族が典型的な例である。低い生活水準と農耕民的生活様式の下では、そのような共同労働が生存のためにきわめて適合的であった。キャーウトチバシュによると、このモデルの特色である世代間の相互依存は、当初、子どもは親に依存し、親が老いた後には子どもに依存するという家族のライフサイクルの中での相互依存関係の交代を伴い、このモデルの家族・対人関係は情緒的かつ物質的な相互依存をその特質とする。また、このモデルでは子どもが親に服従する服従・依存志向が典型的となる。[45]

「独立モデル」は、西洋的な、工業化された、都市ないし準都市の中産階級に典型的なモデルで、個人主義の文化を伴っている。これは、家族内の構成員間および家族間の分離と独立というモデルで、世代間の分離、および旧世代ではなく子どもに対する物質的および情緒的な投資によって特色付けられる。世代間の物質的な依存関係が低下したことが、世代間および個人間の独立への誘因となった。[46]

キャーウトチバシュは、従来の近代化理論では、経済発展に伴い「相互依存モデル」から「独立モデル」への移行が想定されていたのに対して、それらの理論が文化的要因を考慮に入れていない点を批判し、社会的・経済的構造が変容しても、文化的な様式は存続することがあることを指摘する。キャーウトチバシュによれば、社会経済的発展に伴い物質的依存は減少するが、情緒的依存はそうではない。この観察結果に基づき、キャーウトチバシュは、第三のモデルとして「情緒的相互依存モデル」を提示する。完全な「相互依存モデル」では、物質的および情緒的次元での世代間および個人間の相互依存が想定され、完全な「独立モデル」では、両次元での世代間および個人間での独立が想定されるのに対して、「情緒的相互依存モデル」では、世代間および個人間での物質的な独立性と、情緒的次元での世代間および個人間の相互依存性が想定されている。このモデルの背景として、キャーウトチバシュは、経済発展に伴う世代間および個人間の物質的依存の減少が、親の老後保障のための（育児期における）子どもの完全な（親に対する）依存と、その結果としての（子の親に対する）絶対的忠誠の必要性を失わせたことを指摘する。キャーウトチバシュの「情緒的相互依存モデル」は、人との関係性強化志向と独立志向が共存する「自己」のあり方が可能であることを示唆している。[47][48]

中間組織（企業、学校、団体）の階層的秩序や血縁関係から切り離された独立した個人として自分を認識し、自らが平等な尊重と配慮を受ける価値のある存在であるという自覚のもとに、自らの人生の究極的な責任を自らが引き受けるという自覚を持つことは、権利主体としての自己にとって必要不可欠な条件である。

キャーウトチバシュによれば、服従・依存志向から自律的・関係重視志向への移行は、現実に多くの非西洋社会において観察されている。

前節で確認したように、現在の日本社会においても、主権者意識を持った自律的・関係重視志向の個人は若い世代を中心に確実に育っているように思われる。

第5節　賀川豊彦のキリスト教人格主義と俠客道

賀川豊彦（一八八八―一九六〇年）は、ノーベル文学賞候補に二度（一九四七年、一九四八年）、ノーベル平和賞候補に三度（一九五四年、一九五五年、一九五六年）指名（一九六〇年にも推薦）され、米国を代表するワシントン大聖堂（首都ワシントンD.C.）にエイブラハム・リンカーン、ジョージ・ワシントン、アルバート・シュバイツァー等とともにその彫像が設置されていることからわかるように、一九二〇年代より一九六〇年代にかけて世界でもっとも尊敬された日本人の一人である。(49)

また賀川は、一九二〇年に上海において中国革命の父である孫文と会談し、さらに同市のスラム街の調査を行い、初期中国共産党の指導者である陳独秀（一八七九―一九四二年）からも高く評価されている。(50)

同時に賀川は、当時の日本社会においても最も広く受け入れたキリスト教活動家でもあった。賀川の自伝的小説である『死線を越えて』『太陽を射るもの』『壁の声をきく時』は四〇〇万部を売り上げたと言われている。

賀川は、また、一九二四年九月二六日に国際連盟総会で採択された子どもの権利に関する世界初の公式文書である「ジュネーブ子どもの権利宣言」に先駆けて、同年六月九日に六つの子どもの権利を発表したことでも知られている。

賀川が発表した六つの子どもの権利は、（1）食う権利、（2）遊ぶ権利、（3）寝る権利、（4）叱られる権利、（5）親に夫婦喧嘩をやめてもらう権利、（6）親に対して禁酒を要求する権利、である。(51)

賀川は、一九二七年に新たに九つの子どもの権利論を発表したが、そこには（1）生きる権利、（2）食う権利、（3）眠る権利、（4）遊ぶ権利、（5）指導して貰う権利、（6）教育を受ける権利、（7）虐待されない権利、（8）親を選ぶ権利、（9）人間―人格として待遇を受ける権利が含まれている。

これまで、賀川のこうした子どもの権利論は、賀川が独自に構想したものと考えられてきた。しかし、予備的な文献調査の結果、以下の事実が明らかとなった。

(1) 韓国の子どもの権利活動のパイオニアである方定煥《バンジョンファン》(一八九九―一九三一年)が一九二二年に発表した子どもの権利論(「オリニ憲章」)に含まれている「人間―人格として待遇を受ける権利」は、賀川豊彦が一九二七年に発表した九つの子どもの権利論の九番目の権利と同一である。

(2) 賀川に先駆けて田村直臣牧師(一八五八―一九三四年)が一九一一年に刊行した『児童の権利』は、ハングル語に訳されて韓国社会に紹介されている。[52]

(3) 田村牧師は米国プリンストン大学の最初の日本人卒業生であり、子どもにも権利があるという考えを米国のキリスト教コミュニティにおける子ども観(教義)の変化を踏まえて構想している。[53]

(4) 韓国の方定煥は一九二〇年より一九二二年まで日本に滞在し、日本で児童文学活動を開始している。[54]

(5) スウェーデンの児童教育家であったエレン・ケイ(一八四九―一九二六年)が一九〇〇年に公刊し、一九〇六年に邦訳が出版された『児童の権利』第一部第一章のタイトル「子どもの親を選ぶ権利」は、賀川の九つの権利論の八番目の権利と同一である。

（6）一九二〇年の『賀川ハル日記』の読書欄の同年一月一日より七月一〇日の間に、本間久雄『エレンケイ思想の真髄』（大同館書店、一九一五年）が記入されている。
（7）「ジュネーブ子どもの権利宣言」草案を作成したエグランティン・ジェブ（一八七六―一九二八年）の親友であったルース・ワーズワース（一八七八―一九五三年）は一九一三年以前に五年間、日本に滞在しており[55]、その後も来日して日本で活動していたと思われる[56]。
以上の予備的調査から、賀川の子どもの権利論の背景には、韓国を含む海外の子どもの権利関係者との重層的な繋がりと交流があったと推定できるように思われる。

さらに、賀川の著作や先行研究を調査した結果、賀川の子どもの権利論は、キリスト教を基盤とする西洋精神史の知的伝統、当時の世界で広まりつつあった権利主体としての子ども観ないし人間観、および明治初期の自由民権運動の知的遺産、さらに徳川時代を通じて形成された庶民道徳を踏まえ、神戸のスラムでの活動経験に基づき賀川が構築したものと考えることができるように思われた[57]。

実際に、トマス・ヘイスティングス[58]は、賀川の思想について、キリスト教の贖罪愛と連帯責任を中心にして、日本の陽明学派の伝統、ボストンのキリスト教人格主義（ボウン）、さらにフランスの生気論（ベルクソン）を融合したものと分析している。ヘイスティングスによると、ボーデン・パーカー・ボウン（Borden Parker Bowne, 1847-1910）はボストン大学神学部教授として、新カント派哲学の影響の下に、米国の自由主義神学の思想的根拠となる「超越論的経験主義（transcendental empiricism)」(自然界をただ物質的にとらえる立場に反対して、人間には魂、意思、直観、良心などがあるが故に、高い尊厳と価値があるという立場)を提唱した神学者である。[59] キリスト教人格主義とは、リベラリズムとコミュニズムという競合する物質主義を否定する思潮であり、原子論的な個人主義と集産主義のいずれをも批判する共同体的存在としての人間観(person)を特色とし、代表的な思想家としては「世界人権宣言」を起草したジャック・マリタン(Jacques Maritain, 1882-1973)が挙げられる。[60]

賀川の思想の中にキリスト教人格主義と評し得る要素が濃厚に存在することは間違いなく、賀川がボウンの思想に大きな影響を受けたことも確かな事実である。[61]

さらに、ヘイスティングスは賀川の『東洋思想の再吟味』(一九四九年)を取り上げ、賀川が中江藤樹の宗教思想にはキリスト教の影響による一神教的傾向があると分析していることを紹介し、[62]賀川は「当時の多くの日本人のプロテスタント教会の指導者や神学者と違って、ただ欧米の最新神学論を日本語に翻訳することに心を配るよりも、絶えず日本の大衆文化を念頭におきながら、自分の信仰体験と東洋思想の理解という二つの解釈のレンズを通して創造的にキリスト教の教えを解釈する[63]」人物であったと述べている。

私は、賀川の思想的背景の一つとして、さらに「俠客道」を挙げたい。

アーサー・クリスチャン・クヌーテンは、近代における日本の社会倫理構造の諸要素を分析する目的で賀川のキリスト教哲学とその生涯と業績を取り上げた博士論文[64]において、侍の騎士道(chivalry)を「武士道」、俠客の騎士道を「俠客道」と名付けている。

クヌーテンは、近代日本の社会倫理構造（socio-ethical structure）の形成に寄与した五つの主要な封建的遺産として、神道、儒教、仏教、キリスト教に加えて「武士道」「俠客道」を挙げ、「武士道」が少数派であった戦士階級の行動規範であったのに対して、大多数の民衆の間には社会的に抑圧され不当に扱われた者を擁護する行動規範である「俠客道」が発達していた明らかな証拠があると主張する。そして、賀川のような人々にとっての社会変革への原動力は、「俠客道」に示された、社会的道義心を伴ったより大きな忠誠心の思潮の中にあったと結論づけている。

クヌーテンによれば、武士階級という少数派の圧政に対する反発はつねに民衆の間に存在し、明治維新の原動力となったのはこの民衆の正義感を伴った権力への抵抗心であり、賀川はこの精神を継承していたとされる[65]。

小南浩一も賀川豊彦の精神的バックボーンとして「俠客道」の存在を指摘している。小南は、新渡戸稲造が「武士道の精神がわが民族の特有独占物であるという熱狂的愛国者の考えには、私は同意しません」（新渡戸『日本国民』一九一二年、『新渡戸全集』第一七巻、二九一頁）と語り、後年武士道にかえて「平民道」を提唱していたことを指摘している。一方、賀川については「私は日本の道徳のうちで、俠客道が好きである。武士道もあるが、これは禄を食んでいる武士の道徳であって、取り立てていうまでもない」（賀川「キリストの宗教とその真理」『火の柱』第一五二号、一九四二年四月一〇日、二頁）という賀川の発言を取り上げ、「貧しき者・弱い者・小さき者の窮状をまえに止むに止まれずついかかわってしまう、こうした感情こそ日本人の道徳のなかで特筆すべきものであり、日本人の親切心であるというのが賀川の主張」であるとまとめている。[66]
賀川自身も俠客道について以下の通り述べている。

日本には、まだ他にも世界に誇る可き善きものがある。それは俠客道である。それは民主主義の名を取らざる民主主義であり、道徳の名をてらわざる仁義の道である。それは階級道徳である武士道の如く、作為的ではなく、日本最下層の労工者の間より勃然として起った本然の姿であった。彼らは孔孟の道や華厳法華の哲学を知らない。然し弱者を扶け、暴政者を挫く日本独特の民主主義的精神を翼んでいた。封建時代に産れた親分子分の義理は有ったが、権力に諂わず、共済共助の同義に篤かったことは世界に出しても恥ずかしくない。日本の民衆道徳中の傑作であると私は考えている。私は世界の凡ての国家が、もう少し俠客道を理解し、之を実行することを切望する。[67]

「俠客道」とは、賀川の解釈によれば徳川時代に徳川幕府および武士階級に抵抗する庶民の間で形成された騎士道のことであり、賀川はこれらの人々が「弱きを助け、強きを挫く」労働者の倫理感覚を発展させたのであり、日本人の生来の特質であると述べている。[68]
それでは、賀川は、どのようにして当時の民衆思想を習得したのだろうか。
横川春一の『賀川豊彦伝』によると、賀川は一八九三年（明治二六年）一月、五歳の時に徳島県堀江村の本家に引き取られ、一九〇五年（明治三八年）四月まで徳島で過ごしている。

北側の古い物置蔵は、徳利の幽霊が出るといって、多年誰もあけたことがない。しかし豊彦は一人でその中に入って行って、小半日も、古い兜や鎧、刀や書物をみて遊んだ。

浄瑠璃芝居の国だけあって、阿波源之丞一座の芝居がかかると、きっとそのあとの幾日かは、豊彦の家が、こども浄瑠璃座になった。(69)

兵藤裕己は、徳川時代の忠孝のモラルが「赤穂義士伝」などを主な素材とする声の文学（オーラルリテラチャー）を通じて全国に伝播した結果、地域や階層を超えた日本社会の文化的アイデンティティという日本近代の「国民国家」の前提条件が生み出されると同時に、既存の法と秩序への反抗の心性を形成し、徳川幕府を打倒する役割を果たしたと主張する。(70) 兵藤は、「赤穂義士伝」をはじめとする物語が地縁・血縁共同体から排除された旅まわりの芸人によって日本各地に伝えられ、物語の共有を通じて近代の「国民」意識形成の土台を形成し、また、既存の社会秩序を相対化する擬制的ファミリーのモラルが、天皇の「赤子」としての国民の平等幻想を生み出し、天皇と国民をへだてる「世の指導者階級」へのテロリズムを大衆が容易に受容する心性を形成したと述べている。(71)

賀川の生涯を通じて一貫している弱者への愛と権力への抵抗意識は、人形浄瑠璃などの民衆芸能を通じて、賀川の血肉となったものなのではないだろうか。実際に賀川は、「侠客道」の創始者として幡随院長兵衛を挙げており[72]、さらにキリストと清水次郎長を「侠客道」の体現者と表現している[73]。

しかし、賀川は単なる伝統主義者ではなかった。

賀川は一九二二年に出版した『空中征服』というSF仕立ての小説において、歌舞伎や浄瑠璃に取り上げられた一七一〇年（宝永七年）に大阪で起きた心中事件の主人公である油問屋の丁稚久松と主人の娘そめの亡霊を登場させ、心中しようとする若い男女に対して「命の捨場所を卑怯にもこんな川底に求める必要はありません。川底にそれを求めた時代は、私らの時代でした。今日の時代は解放の途上に、新しき心中の途を発見すべきです。あなたは死線を越えなくてはいけませんよ」を語らせている[74]。

幡随院長兵衛は旗本の不正に対抗するために、自らの命を捨てる必要があった。二〇世紀初頭に人権活動に取り組んだ賀川は、戦前の超国家主義に支配された日本で、命を活かす途を追求した人権活動の先駆者であったのだ。

注

（1）Johannes Morsink, *The Universal Declaration of Human Rights*, University of Pennsylvania Press, 1999.

（2）Charles Taylor, Conditions of an unforced consensus on human rights' in Joanne R. Bauer and Daniel A. Bell eds., *The*

East Asian Challenge for Human Rights, Cambridge University Press, 1999, pp. 133-137.

(3) 堀米庸三『わが心の歴史』(新潮社、一九七六年)、二七―二八頁。

(4) 溝口睦子『アマテラスの誕生――古代王権の源流を探る』(岩波新書、二〇〇九年)、三六頁。

(5) 丸山真男は『日本政治思想史研究』あとがきにおいて、「むしろ私が今日ハッキリ感じていることは、そこでの種々な問題設定や分析の進め方、ないしは、いろいろな歴史的範疇の規定自体が後に二、三例示するように、やはり根本的に八・一五以前の刻印を受けており、その後の私個人、および私の属する祖国の経験した数十年、数百年にも比すべき歴史的状況の変動――それはいわゆる戦後の民主化政策で日本の政治・社会思想がどれだけ変わったかまた変わらなかったかというような問題ではなく、もっと深くかつ広い世界的状況の推移とその日本への衝撃(インパクト)――の意味を切実な学問的課題として受取り、それを咀嚼した歴史意識に立脚せざるをえない現在の視点とはどうしても直接には連続しないということである」と述べている。丸山真男『日本政治思想史研究』(東京大学出版会、一九九九年)三三六―三三七頁(初出は『国家学会雑誌』五四巻二―五号、一九四〇年)。

(6) 永井陽之助は、一九六六年当時、既に「日本人の対米依存は、ほとんど無意識の状態にまで達していて」最終的に米国は日本を見捨てないという安心感のうちにアグラをかいていると批判している。永井陽之助『平和の代償』(中央公論社、一九六七年)、一一八頁。

(7) Charles Taylor, *Sources of the Self - The Making of the Modern Identity*, Harvard University Press, 1989, p. 463.

(8) Charles Taylor, Conditions of an unforced consensus on human rights, in Joanne R. Bauer and Daniel A. Bell eds., *The East Asian Challenge for Human Rights*, Cambridge University Press, 1999, 124-144, p. 125.

(9) なお、私は現実の世界が基本的により良い方向に進歩しているという単純な進歩史観に与しているわけではない。現実の世界が理念だけで動くわけでないことは自分の周りを見渡せば一目瞭然であって、しかしそのような日常的現実は、一方で理念自体が改良・進歩され、より広い社会層に浸透していくという事態を否定するものでもない。

(10) 六本佳平『法社会学』(有斐閣、一九九九年)、二六九―二七二頁。

(11) 太田勝造・岡田幸宏「紛争に対する態度の日米中3カ国比較」河合隼雄・加藤雅信編著『人間の心と法』第四章(有斐閣、二〇〇三年)。この調査は、「ある人が友人に一カ月分の給料にあたる金額を貸しましたが、返済期限がきても友人にその金を返そうとしません。友人と交渉しても、友人はその金を返しません。その場合にその人が次の行動をとることをどう考えますか。」(友人間金銭貸借事件)、「ある人が電器屋から一カ月分の給与にあたる価格の電気器具を買ったところ、それは不良品でした。電器屋に新品と取り替えを求めても、電器屋はそれに応じませんし、売買を解除し代金の返還を求めても電器屋をそれに応じようとしません。その場合にその人が次の行動をとることをどう考えますか。」(電気店修理事件)、「ある人が交通事故にあって一カ月入院の傷害を負いましたが、特に後遺症は残りませんでした。被害者が、治療費と入院中の収入の賠償をもとめて交渉しても、加害者は賠償金を支払いません。その場合にその人が次の行動をとることをどう考えますか。」(交通事故事件)という三つの民事紛争事例を挙げ、それぞれの事例に対する対応(紛争行動)として、(ア)相手が支払わなければ、それであきらめ、特別な行動をとろうとしない(泣き寝入り)、(イ)共通の知り合いである有力な人に相談する、(ウ)法律の専門家に相談する、(エ)弁護士会の調停制度その他を利用する、(オ)裁判所に訴える、という五つの選択肢を提示し、それぞれについて(1)望ましい、(2)どちらかというと望ましい、(3)わからない、(4)どちらかといえば望ましくない、(5)望ましくない、という五つの選択肢を含むアンケート調査を日米中三カ国で実施した。

その結果、友人間金銭貸借事件では、三カ国中でアメリカ人が「裁判所に訴えること」をもっとも望ましくないと考えており(望ましくない二九・三%、どちらかというと望ましくない二〇・五%、合計四九・八%)、日本人は「わからない」が四三・四%と突出しているものの、望ましくないと考えているもの(望ましくない一三・七%、どちらかというと望ましくない一九・一%、合計三二・八%)の割合はアメリカ人よりも低く、逆に中国人は「裁判に訴えること」を望ましいと考えている(望ましい二九・七%、どちらかというと望ましい一九・八%、合計四九・五%)ことが明らかとなっている。また、友人間金銭貸借事件と電気店修理事件では、三カ国とも「調停制度の利用」のほうが「裁判に訴えること」よりも望ましいと答えている。一方、交通事故事件では、三カ国とも「裁判所に訴えること」をもっとも望ましい（米国八三・一％、日本五三・九％、中国七七・七％）と考えている。

（12）大木は、西洋法を「権利のための闘争」に象徴される法による支配、裁判による紛争処理の尊重によって、日本法を含む極東法を徳治主義、法に対する不信、調停や和解による紛争の解消への選好によって、それぞれ特色づける従来のステレオタイプな見解に対して、西洋にもキリスト教に代表される徳治主義の伝統が存在していたこと、法治主義の伝統も自覚的に発展したのは一九世紀以降のことに過ぎないことを指摘し、また鎌倉時代の御成敗式目や鎌倉武士による頻繁な訴訟事例を挙げて、日本にも法治主義の伝統が存在したことを指摘している。大木雅夫『日本人の法観念』（東京大学出版会、一九九六年）（初版：一九八三年）、二一五―二一八頁。

（13）青木人志一橋大学大学院法学研究科教授は「法学部に入学してからはや二〇年以上過ぎ、法学部教師になってからも一〇年以上経つというのに、わたくし自身、いまだに裁判所が身近な存在には思えないという実感をもっている」と述懐している。青木人志『「大岡裁き」の法意識――西洋法と日本人』（光文社新書、二〇〇七年）、一四頁。

（14）John Owen Haley, *The Spirit of Japanese Law*, The University of Georgia Press, 2006, pp. 201-212.

（15）二〇一七年二月六日の同教授との面談の際の回答。キャシー・デイヴィドソン（Cathy Davidson）教授（ニューヨーク市立大学大学院センター）はデジタル革命時代の新たな高等教育プログラムの開発を世界的に主導し、二〇一六年には新米国大学組織（The New American Colleges & Universities）より「高等教育への顕著な貢献」を顕彰するボイヤ賞（Boyer Award）を受賞している。

（16）日本国内の人権保障を巡る課題と個人通報制度については、山崎公士「国内人権機関と個人通報制度」移民政策学会編『移民政策研究』第三号（現代人文社、二〇一一年）を参照。なお、近年日本においても「公」と「私」の観念および両者の関係性について大きな変化が起きつつあるようにも思われる。

（17）中国、韓国については Pew Research Center の二〇一一年一二月一九日付 Regional Distribution of Christians < http://www.pewforum.org/2011/12/19/global-christianity-regions/ >（二〇一七年三月二日最終確認）、日本については文化庁『平成27年度宗教年鑑』四九頁 < http://www.bunka.go.jp/tokei_hakusho_shuppan/hakusho_nenjihokokusho/shukyo_nenkan/pdf/h27nenkan.pdf >（二〇一七年三月二日最終確認）より引用。

（18）C. Taylor, Conditions of an unforced consensus on human rights, pp. 128-129.

（19）夏目漱石『私の個人主義』（講談社学術文庫、一九七八年）（初出は『孤蝶馬場勝弥氏立候補後援現代文集』実業之世界社、一九一五年）を参照。また、日本における近代個人主義を巡る課題については第四章において詳述する。

（20）武田清子『土着と背教』（新教出版社、二〇〇四年）、四―五頁。

（21）アマルティア・セン著、大石りら訳『貧困の克服』（集英社、二〇〇二年）。

（22）法哲学の世界では subjective right を主観的権利と訳すのが一般的であるようである。これは、「権利＝主観法」、「法＝客観法」という分類に基づくものであるが、本論文ではより一般的な「主体的権利」を用いる。この含意については「はじめに」末尾を参照。

（23）Carl Wellman, *The Moral Dimensions of HUMAN RIGHTS*, Oxford University Press, 2011, pp. 3-4.

（24）古賀勝次郎『鑑の近代』（春秋社、二〇一四年）、三〇一―三〇六頁。

（25）深田三徳「法とは何か」『現代法理論論争――R・ドゥオーキン対法実証主義』第一章（ミネルヴァ書房、二〇〇四年）、一―三四頁。

（26）一九三一年に、当時の右翼サークルであった Ordre Nouveau（新秩序）が提起した政治的マニフェスト。Samuel Moyn, Personalism, Community, and the Origins of Human Rights, in Stefan-Ludwig Hoffman ed., *Human Rights In the Twentieth Century*, Cambridge University Press, 2011, 85-106, p. 87.（以下、PCOH）原典は John Hellman, *The Communitarian Third Way: Amexandre Marc's Ordre Nouveau, 1930-2000*, McGill-Queen's University Press, 2002.

（27）イグナティエフは、一八世紀後半から一九世紀中期までの英国を例にとって、それまでの家父長制的な社会は制限された政治的権利しかを認めない一方で慣習的かつ通俗的自由には寛容であったのに対して、新たなリベラリズムに基づく社会は公式な自由を拡張する一方で社会の無秩序に対してより厳格となったと指摘している。すなわち、公的な権利の拡張は国家の（法に基づく）支配の確立とともに生じたとイグナティエフは指摘しているのである。M. Ignatieff, *A Just Measure of Pain*, Penguin Books, 1978, pp. 211-213. イグナティエフは、またニーズないし権利にもとづく要求は、「独立能力のある国民国家によって強力に主張されたり、あるいはそれらの国家によってなされる訴えでないかぎり、たいして意味のあるものではない」と述べて、ニーズないし権利の充足には「独立能力のある自分たちの民族国家」が必要であると明確に主張している。マイケル・イグナティエフ著、添谷育志・金田耕一訳『ニーズ・オブ・ストレンジャーズ』日本語序文（風行社、一九九九年）、七―八頁。なお、右日本語序文（一九九八年一〇月付）は、原著にはない日本語序文のこと。原文は、添谷育志明治学院大学教授（当時）より提供いただいたものである。記して謝意を表したい。

(28) 井上達夫『世界正義論』（筑摩書房、二〇一二年）、一五二頁。

(29) 渡辺浩「「おほやけ」と「わたくし」の語義――「公」「私」、"Public""Private"との比較において」佐々木毅・金泰昌編『公共哲学Ⅰ　公と私の思想史』（東京大学出版会、二〇〇一年）、一五〇―一五三頁。

(30) 但し、江戸時代以前にはより流動的で分権的な社会が日本にも存在していたことを忘れてはならない。源了圓は、まだ江戸幕府による集権制が確立していなかった戦国末期ないし近世初期に、対等な個人（武士）の間のパーソナルな信頼関係としての「義理」が誕生したが、やがて集権制が支配的になるにつれて、対等な人間の信頼に基づいた「義理」は世間体を意識する「公」の義務、すなわち「恩」に取って替わられるようになったと述べている。源了圓『義理と人情』（中央公論社、一九六九年）。

(31) 東洋『日本人のしつけと教育』（東京大学出版会、二〇〇二年）、一一―一二頁。

(32) 前掲書、三六―三七頁。

(33) 日本は一九四一年一二月の真珠湾攻撃に始まり、一九四五年八月までの三年八カ月、連合国と戦争を行ったあと、一九五二年四月まで六年八カ月にわたって米国の占領統治下にあった。ジョン・ダワーはこの米国の占領統治を以下の通り要約している。「占領当初、アメリカ人たちは、『非軍事化および民主化』という、樹木の根と枝に似た改革プログラムを日本に押しつけた。それは独善的で、まったく空想的な、あらゆる意味で傲慢な理想主義の、めったにない実例というべきものであった。それからアメリカ人たちは、日本を去る前に方向を逆転させた。日本社会のなかで自由主義的傾向の少ない連中と協力して、この旧敵国を再軍備し、冷戦の従属的パートナーとしはじめたのである。こうして結局、戦後日本には保守的な政府が出現したが、にもかかわらず、平和と民主主義という理想は、日本に根をおろした。借り物のイデオロギーでも押しつけの未来図でもなく生活に根ざした体験として、そしてまたとない好機を生かした成果として。平和と民主主義の理想は、みごとな、そしてしばしば不協和音を奏でる様々な声となって現れ出たのである」。ジョン・ダワー、三浦陽一・高杉忠明訳『敗北を抱きしめて』増補版・上巻（岩波書店、二〇〇四年）、五頁。

(34) 例えば、松本健一は、明治維新を「第一の開国」、第二次世界大戦後の外からの民主化を「第二の開国」、そして一九八九年以降の冷戦終結に伴うグローバル化による日本の変革を「第三の開国」と呼んでいる。松本健一『日本のナショナリズム』（筑摩書房、二〇一〇年）。

(35) 森嶋通夫『なぜ日本は行き詰まったか』（岩波書店、二〇〇四年）、三三一頁。

(36) 前掲書、三三四―三三六頁。

(37) NHK放送文化研究所『現代日本人の意識構造［第六版］』（日本放送出版協会、二〇〇五年）、二三四―二三五頁および『現代日本人の意識構造［第七版］』（日本放送出版協会、二〇一〇年）、二一七―二二一頁。

(38) 『現代日本人の意識構造［第八版］』（日本放送出版協会、二〇一五年）、八四―八六頁。

(39) 総務省「第24回参議院議員通常選挙年齢別投票者数調（18歳・19歳）（速報）」<http://www.soumu.go.jp/main_content/000429404.xlsx>（二〇一六年七月二一日最終確認）。

(40) 「島澤諭「〈2016参院選を振り返る〉18歳選挙権導入と世代間格差 若者はとにかく投票に行こう」BLOGOS <http://blogos.com/article/183612/>（二〇一六年七月二一日最終確認）。

（41）ヨハン・ガルトゥング『平和を創る発想術――紛争から和解へ』（岩波書店、二〇〇五年）、二七頁。
（42）佐藤淑子『日本の子どもと自尊心――自己主張をどう育むか』（中公新書、二〇〇九年）、一三四―一四八頁。
（43）前掲書、一四〇―一四一頁。
（44）Çiğdem Kağitçibaşi, *Family and Human Development Across Cultures, A View From the Other Side*, Lawrence Erlbaum Assoiates, Publishers, 1996, p. 55.
（45）Ibid., pp. 78-82.
（46）Ibid., pp. 82-85.
（47）ここで留意すべきことは、「自己（self）」とは、近代社会において成立した、個人は独自の内面性と自律性を持つと考える歴史特殊な人間観であり、超歴史的な普遍的な人間観を指すものではないということである。つまり、人間を「自己」として把握する時、我々はすでにその背景に「近代（modernity）」という歴史特殊な段階を想定しているのである。この意味での自己観とは、社会哲学レベルでの概念であると言えるであろう。
（48）Ç. Kağitçibaşi, *Family and Human Development Across Cultures, A View From the Other Side*, pp. 85-90.
（49）賀川の活動は、以下の通り救貧活動から協同組合運動、世界平和運動と広範囲に及んでいる。
・一九〇九年に自らも深刻な結核を患うなかで神戸市新川のスラムにおいて貧しい人々に対する救済活動を開始した。
・一九一八年より初期労働運動に参画し、一九二一年の神戸大争議では主導的役割を果たした。また、同時期に普通選挙運動にも取り組んだ。
・一九二二年に日本における最初の農民組合を組織した。
・今日、約一七〇万人の会員を擁するコープ神戸をはじめとする生活協同組合運動を創始した。
・一九二三年九月一日の関東大震災後、直ちに本所にセツルメントを設置し、医療サービス、職業案内所、保育園や幼稚園、信用組合など広範な救援活動に取り組んだ。・一九二八年に全国非戦同盟を設立し、一九四一年四月にはキリスト教平和使節団として渡米、八月に帰国するまで三〇〇回以上の講演を行い、平和を訴えた。

(50) 浜田直也『賀川豊彦と孫文』（神戸新聞総合出版センター、二〇一二年）、五五―五六頁および六〇―六一頁。

(51) 賀川豊彦記念・松沢資料館『賀川豊彦　子どもの権利論のてびき』（一九九三年）付録の「賀川豊彦氏大講演集」二八二―二九一頁。Emiko Hannah Ishigaki (2001), Children's Rights: A Quote from Toyohiko Kagawa, presented at the World Congress on Early Childhood Education (Santiago, Chile, July 31-August 3, 2001).

(52) 田村直臣『児童中心のキリスト教』（大正幼稚園出版部、一九二六年）、五八頁。

(53) 前掲書、八二―八五頁。

(54) 前島志保「児童観史の中の方定煥」『比較文学・文化論集』一二号（東京大学比較文学・文化研究会、一九九六年）、一一―一五頁。

(55) Clare Mulley, *The Woman Who Saved the Children*, Oneworld Publications, 2009, p. 202.

(56) A. Hamish. Ion, *The Cross and the Rising Sun: The British Protestant missionary movement in Japan, Korea and Taiwan 1865-1945* vol. 2, Wilfrid Laurier University Press, 1993, p. 230, p. 297.

(57) 詳細は拙論「子どもの権利のパイオニア賀川豊彦」『賀川豊彦研究』第六一号（一般財団法人本所賀川記念館、二〇一四年三月、四七―六六頁）を参照。

(58) 日本基督教大学財団主任研究員。元東京神学大学教授。ヘイスティングス教授には二〇一四年一一月一七日にプリンストン大学において賀川豊彦に関する特別講義をしていただいた。記して謝意を表したい。

(59) トマス・ジョン・ヘイスティングス「賀川豊彦――科学的な神秘主義者」『モノ学・感覚価値研究（モノ学感覚価値研究会年報）』第八巻（京都大学こころの未来研究センター、二〇一四年）、二六―二七頁。

(60) Samuel Moyn, "Personalism, Community, and the Origins of Human rights," pp. 85-106.

(61) 吉野作造「デモクラシーと基督教」『吉野作造選集Ⅰ』（岩波書店、一九九五年）（初出は一九一九年三月『新人』）、一六二―一六四頁。横川春一『賀川豊彦伝』（キリスト新聞社、一九五二年）、二六頁。

(62) 賀川豊彦「東洋思想の再吟味」『賀川豊彦全集13』（キリスト新聞社、一九八二年）一三二―一三五頁。

(63) トマス・ジョン・ヘイスティングス「賀川豊彦――科学的な神秘主義者」、二五頁。

(64) Arthur Christian Knudten (1946), "Toyohiko Kagawa, and some social, economic, and religious tendencies in modern Japan", Ph. D Thesis, University of South California. 邦訳は村島帰之・小島清澄『解放の預言者』（警醒社書店、一九四九年）。なお、邦訳は原著の完訳ではない。

(65) ibid., pp. 59-67. 前掲書三―四頁。

(66) 小南浩一『賀川豊彦研究序説』（緑蔭書房、二〇一〇年）、一九〇―一九三頁。

(67) 賀川豊彦「空の鳥に養われて――不尽油壺より」『賀川豊彦全集22』（キリスト新聞社、一九六四年）、三一二頁。

(68) Toyohiko Kagawa, *Christ and Japan*, Friendship Press, 1934, pp. 24-25.

(69) 横川春一『賀川豊彦伝』、一一二―一一三頁。

(70) 兵藤裕己『〈声〉の国民国家』（講談社学術文庫、二〇〇九年）、六八―七二頁および八四―九二頁。

(71) 前掲書、二四八頁。

(72) Toyohiko Kagawa, *Christ and Japan*, p. 29.

(73) 横川春一『賀川豊彦伝』、三八―三九頁。

(74) 賀川豊彦『空中征服――賀川豊彦、大阪市長になる』（不二出版、二〇〇九年）、九九―一〇〇頁（初出：改造社、一九二二年）。

第四章　東アジアにおける人権の根拠
――「義理」と「天理、国法、人情」――

前章では、日本においても成熟した近代的人格主義の条件が整いつつあること、また日本の近代においても日本固有の近代的人格主義者が存在したことを賀川豊彦の思想的背景を通じて例示した。

本章では、明治の自由民権運動における精神的支柱となった「天賦人権論」に呼応した民衆の道徳意識を「義理」の思想史を通じて解明し、東アジアにおける伝統的な政治理念である「天理、国法、人情」の現代的意義を検討する。

近代日本における自由民権運動は、一八七四年（明治七年）に板垣退助等が民撰議院設立建白書を提出したことをもって始まり、おおむね一八九〇年（明治二三年）まで続いたとされている。丸山真男は、「日本の近代史を通じて抵抗権の観念が比較的に広い範囲で定着した時代といえば、この明治一〇年代を凌駕する時代はついになかった」と評価し、その背景に当時の不平士族、地方の商人・「マニュファクチャ」業者・自作農民、地方の豪農・中農層が、失われた生活手段の奪還あるいは獲得した財産の擁護を求めたという、現実的な「抵抗」「反逆」の基盤があったことを指摘している。[1]

この「抵抗」「反逆」を正当化した思想が「天賦人権論」であった。

「天賦人権論」は、周知のとおり西周、中江兆民、福沢諭吉などの思想家が、ヨーロッパの近代的権利観念を人間本性の中に「天理」を見る儒教的思考になぞらえて提唱したものである。[2]

例えば、井上厚志は中江兆民がJ-J・ルソーの *Du Contrat Social ou Principes du droit politique*（『社会契約論』）の漢文訳である『民約訳解』（一八八二年）を訳出した経緯に言及して、以下の通り述べている。[3]

兆民は、当時の日本人が理解しやすいように、儒教的（朱子学的）枠組みに依拠しながら、ルソーの社会契約論の「訳解」を制作したが、その過程できわめて独創的な儒教思想の読み替えを行っており、それは結果的に、それまでの儒教的政治観や秩序観を解体するとともに、「民約」と「自由権」を当時の知識人をはじめとする一般大衆に理解させることにも大いに役立った、ということである。兆民にとって喫緊の課題は、ルソーの思想を時にはねじまげてでも、当時の日本人に「自由権」と「民約」という新しい概念を教示し、人々を封建的抑圧状態から解放することであった。確かに、兆民は朱子学的発想をもって、ルソーの『民約論』を読んだと言えるかもしれない。しかし、兆民が著した『民約訳解』が私たちに伝えるのは、儒教的思惟構造がもつ限界や制約を飛び越えながら、当時の日本人にはまったく新しい思想であった「自由民権」思想を、当時の人々にも分かるような伝統的で平易な語法によって教えようとした啓蒙思想家兆民の面目である。

この「天賦人権論」は、当時の日本社会の支配階級や中産階級だけでなく下層階級にも大きな影響を与えた。

明治の自由民権運動に博徒、仁侠と呼ばれる人々が多数参加していたことは、今日では公然たる事実である。(4) 戦後においても、一九五八年に千葉県浦安町(当時)で起きた本州製紙江戸川工場の工場排水による沿岸地域汚染に対する住民蜂起では、当時浦安に縄張りをもつ関東岡島組組長である岡島多三郎が浦安の毒水阻止町民大会議長に選出され、反対運動を成功に導き、一九六五年(昭和四〇年)には浦安町長に選出され、一期四年を務めている。(5)

これらの事実は、日本の民衆の間に「抵抗」「反逆」の思想として「天賦人権論」を受容する精神的土壌が存在し、しかもその精神は戦後も長く日本の民衆のなかで機能し続けてきたことの証左である。

私は、この精神的土壌を「義」ないし「義理」という観念に象徴されるものとして考えている。予め私の主張を述べておくと、日本社会における「抵抗」「反逆」の思想の精神的土壌は、「義理」という観念に象徴される日本の民衆道徳にあったと私は考えている。

「義理」とは、古来日本社会に存在し世界各地にも普遍的に存在する「信頼への呼応」「好意への返し」という原初的な道徳感覚が、徳川時代に儒教（朱子学）の概念によって言語化されたものである。「義理」は、もともと儒教（朱子学）では「正しい生き方」「正しい道理」を意味する言葉であった。(6) 徳川時代を通じて支配（武士）階級においては次第に形骸化・形式化し、強制的な社会的義務を意味する観念へと変容したが、民衆の間では本来の意味での「義理」が脈々と生き続け、これが明治一〇年代の自由民権運動における民衆蜂起の精神的支柱となったのである。そして、自由民権運動以降も、本来の意味での「義理」はその後も民衆道徳として生き残り、賀川豊彦の社会運動、戦後の公害闘争においても精神的支柱としての役割を果たしたのである。

李知蓮は「東アジアが共有する義理の価値観は、確かに共同性を大切にする意識として仲間意識を支えるものだが、かといって単なる盲目的な集団主義ではない。むしろ義賊や義兵などのように、確実な意思と方向性を有するものであって、集団のために個のむやみな犠牲を容認する規範のように見るのは誤解である」と述べ、さらに「『義理は日本ならではのもの』というナショナリスティックな感覚は、アジア諸国と日本を差別する意識にもつながる」と看破している。(7)

私は、「義理とは個別主義的な、したがって普遍性を持たない日本特有の前近代的な倫理意識である」という、一見自己卑下に見える日本の「義理」観は、実は近代以降の日本社会の強固な選民意識と表裏一体の関係にあり、中国や韓国の急速な発展によってこの選民意識の土台を掘り崩されつつあることが、近年の日本の内向き志向を強化し、いま最も必要とされている精神的な開国を妨げていると考えている。

また、「義理」という観念を否定的に評価するのは現代の東アジアで日本のみであるが、これは「天」という観念についても同様である。詳細は後ほど述べるが、日本人は第二次世界大戦の敗北を自らの前近代的な精神性のためと把握し、戦前の日本社会における超国家主義を正当化する手段に利用された「天」や「義理」といった観念を、いわば贖罪羊の代わりに丸ごと葬ったのであると私は考えている。これは、現在の日本社会でも組織ぐるみの犯罪を糾弾された会社や役所が常用する「とかげの尻尾切り」という手法であって、組織の本質的課題を隠蔽して、問題を先送りするだけのものである。

一九九〇年代以降、中国が統治の新たな正当化原理として儒教を国内で復活させようと試みるだけでなく、海外においてもその外交力拡大の手段として積極的に儒教の普及を図るなかで、儒教的伝統にどう向き合うかは今日の日本にとっての喫緊の課題となっている。このためには、戦前の日本において儒教や神道が果たした役割を検証して清算することが不可欠であり、儒教(朱子学)の概念であった「義理」「天」を再考することは、そのような作業にとって不可欠な視座を提供すると私は考えている。

第1節　義理とは何か？

「義理」の研究は戦前より行われてきた。管見の限りでも、守随憲治、福田保州、和歌森太郎、津田左右吉、柳田國男、桜井庄太郎、姫岡勤、安田三郎、川島武宜、有賀喜左衛門、源了圓、山折哲雄、六本佳平、正村俊之、石田一良、原道生、白石勝、佐藤忠男、兵藤裕己、さらにルース・ベネディクト、近年では李知蓮の論考がある。

川島はルース・ベネディクト『菊と刀』共同研究の結果を踏まえた論文[8]において、「義理は、日本人の社会生活の基本法則であり、社会秩序の基本的要素である」ことを認め、ルース・ベネディクトの「義理」は、「人類学者が世界の文化のうちに見出す、あらゆる風変わりな道徳義務の範疇の中でも、もっとも珍しいものの一つである。それは特に日本的なものである」「それは日本独特の範疇であって、『義理』を考慮に入れなければ、日本人の行動方針を理解することは不可能である[9]」という観察を基本的に肯定しつつ、「義理の中には、他のアジア諸国には（少なくとも現在のところ）見出されないところの hierarchy が反映しており、そのかぎりでは、義理ははなはだ日本的」であるが、それ以外の要素については、一定の社会的条件をもっところの他の民族においても存在し得るとの自説を展開している。但し、川島は同論文の冒頭において、「われわれの社会秩序が義理によって構成され支えられているということは、われわれの社会生活の

『権利意識』の欠如に対応し、日本人の規範意識に一つの基本的な性格を与えている」と述べていることからも明らかなように、義理を近代的法意識の未成熟な日本において成立した前近代的な共同体的社会規範、いわゆる近代化に伴い克服されるべき規範としてネガティブに解釈している。

川島によれば、義理は社会規範あるいはその総合体である社会秩序であり、特定の他人との間に「協同体」的な関係を維持し強化するために必要な行為の履行を要求するものである。

川島は、義理を生じる「協同体」的な関係の特色として以下の六点を挙げている。

（1）継続性——義理を生じる関係は継続的な社会結合であり、かつ義理は継続的な社会結合を維持する機能を有している。

（2）生活関係の包括性——義理によって維持される社会結合は特定事項にのみ関するのではなく、包括的に当事者の生活関係を拘束する。

（3）個人の私的支配領域の弱いこと、もしくは欠けていること——義理は、選択（自発的）意思にもとづく契約上の義務として生じるのではなく、契約によって作られた「協同体」的関係から選択意思とは無関係に生じる。

（4）「人的な」“personal”“personlich”な結合関係——義理が生じるのは、抽象的普遍的な関係ではなく、特定の具体的個人との間に成り立つ結合関係である。

（5）情緒的 emotional な結合であること——義理によって生じ義理によって支えられるのは、

情緒によって維持される関係である。

（6）身分階層社会的性質――義理は一定の身分階層的地位に伴い生じるものであると同時に、特定の身分階層的要素を持っている。

川島が日本人の伝統的な社会規範である義理を「権利意識」の欠如に対応するものとして否定的に評価したことに対して、六本佳平は日本の伝統的な社会秩序を統括していた原理を現代に活かす手がかりとして義理を取り上げようと試みている[10]。

六本は、安田三郎の義理研究[11]を参照しつつ、義理関係を、当事者間には調和的関係（「和」）があることを前提として、利害の対立や不一致を顕在化させずに行為者の受益者に対する自発的かつ片務的な行為を通じて処理する制度と解釈し、したがって、義理の秩序原理は小規模な体面集団の内部でしか機能しない個別主義的、非公式主義的なものであり、公的な討議によって確定されたルールによる秩序原理に移行させていかなければならないと主張する。しかし、六本は、西洋近代型の権利義務のモデルによる秩序の基本をマスターした上で、和の尊重、他者の心情や事情に対する理解や配慮、それに従って誠意を尽くす心情、個別的な状況に照らして何が妥当かを判断する感覚など義理が持つ特徴を生かしていくことは可能ではないか、と述べ、その具体策として（1）個別関係の内と外との区別を一般的なルールによって克服し、他者への配慮を内の関係を超えて普遍的な他者の世界へ拡大すること、（2）具体的に妥当な解決結果を明示的なルールに表現して一般妥当的なものにしていくこと、（3）当事者の同意を得る手続きを充実させ真の合意形成達成の過程としていくこと、を提案している。

なお、六本は日本人の法意識・法観念が変化するためには、人々の生活の重要な局面で法が役に立つという具体的な法体験が国民の広い層に共有されることが必要であり、そのために法制度の改革が重要であると指摘しており、啓蒙のみによって日本人の法意識が変化するとは考えていない。

私は、川島のように近代化に伴って義理のような前近代的社会規範は消滅する乃至させるべきという立場でも、六本のように西洋近代型の権利義務モデルを補完する役割を義理に期待するという立場でもない。私は、日本社会の義理とは「理念としての人権」の日本独自の正当化根拠を構想する上で有効な知的資産であると考えている。

この点をさらに検討するために、大木雅夫、今道友信、水林彪の論考を取り上げることとしたい。

第2節　西洋の責務と日本の義務

大木は「権利中心の法文化」である西洋に対して、「義務中心の法文化」が発展したとされる極東、特に日本について、西洋法継受以前には権利だけでなく義務の語も存在しなかったという史実を挙げ[12]、「権利の語を知らなかったから権利意識が低いという論法によれば、義務の語を知らなかった極東に『義務中心の法文化』が生まれるはずはない」と反論し、さらに「鎌倉武士や江戸の金融資本はもとより、一般民衆の間ですら、…強烈な権利意識があったことは、史実に照らしても明らかである」と主張している。[13]

私は基本的に大木の主張を支持するものであるが、ここで興味深いのは、日本には西洋法が導入される以前には「義務」という言葉が存在しなかったという指摘である。これはもちろん、近代以前の日本社会に「義務」観念に類した社会意識が存在しなかったという意味ではない。

今道友信は、西洋において一八世紀に至るまで「責任（responsibility）」という言葉が存在しなかったという史実について、以下の通り述べている。

「責任すなはちレスポンサビリテにあたる概念を表はす古典的な術語は、あれほどすぐれた道徳哲学、倫理学、倫理神学等を築き上げてゐた西洋の伝統を調べてみても、その古典期にも、中世期を通じても、近世哲学においてすら、見ることができない[14]」「ソークラテースの生涯を見ても、一生涯を通して、そこに責任の行為が見られるし、とくに神の求めに応答して殉教して行つた初期キリスト教の人々の態度は、責任の最もよい例の一つであらう。しかし、そこでは神と人との対話としての『祈り』が生きてゐて、学問的な把捉よりも実存的な会得として、神に応ずる行為が発生してゐたのである。これを私は、超越者との契約に応ずる誠実な応答と呼びたい。ここには、超越者に対する垂直な応答関係があるが、それがあまりに強調されてゐて、水平的な世界において、すなはち他人に対しては、むしろ法的な義務の概念が先行してゐたと言はなければなるまい。義務は、他人に対するあらかじめ定められた自己の仕事に誠実に励むことであり、それは他人の心に応ずるよりも、むしろ自己に課せられた仕事に対する忠実といふことであり、それを果たすことは義務を果たすことに過ぎず、相手の心に応ずるところにまでは至らないのである。従つて、そこには心と心の応答性はなく、与へられた仕事に対するその人の態度のみが問題とされるのである」[15]

今道の所説によれば、責任とは他者の心に応じることであり、西洋にももちろん責任と見なしうる行為、いわゆる責任的事実は存在したが、超越者に対する心からの応答が強調された結果、水平な人間同士の関係における責任的事実は概念化されなかったとされる。

一方、今道は儒教における義とは責任という意味であると、以下の通り解説している。すなわち、義という語は羊という字の下に我という字が置かれているが、この羊は毎月の最初の日の祭日（告朔）に天に献げる犠牲の獣のことであり、共同体の祭祀に必須な重要な獣を自分が背負っているという意味から、水平的には他の成員の期待と委託に応答するという共同体に対する責任と、垂直的には超越的存在に向けての人間の応答という天に対する責任を意味している。[16]

責任に関する今道の議論を援用すると、日本に義務的事実（および権利的事実）は存在していたにもかかわらず、義務（および権利）という概念が生まれなかった理由として、義務（および権利）を超えた何らかの観念ないし未だに言語化されていない観念的事実をより重視したために、義務的（権利的）事実は概念化されるに至らなかったと考えることが出来るように思われる。

これに関連して、水林彪は、「理を破る法」の観念が創出された戦国時代において、朝廷―幕府という現世の権威を超えた不可視の超越者である「天道」観念が大流行したこと[17]、さらに当時、日蓮宗不受不施派、浄土真宗（阿弥陀仏信仰）、キリスト教という現世の権力を超越した権威を承認する宗教が興隆し、徳川幕府の弾圧の対象となっていたことを指摘している[18]。

つまり、日本にも現世の権力関係を超える超越的観念は存在していたが、この超越的観念の存在によって、現世の法的権利義務関係は顕在化されなかったと推測されるのだ。「義務とは自己に課せられた仕事に誠実に励むことであり、ここには心と心の応答はない」とすれば、この関係性を顕在化させなかったのは、他者および天に対する心からの応答だったと考えられる。徳川時代に義理として概念化された当時の人的、情緒的倫理こそ、そのような倫理観念だったのではないかと私は考えている。

第3節　「義理」は個別主義的倫理か？――源了圓

源了圓はこれまでの先行研究を整理して、「義理的な事実」と「義理の観念」を区別し、さらに従来しばしば不変的なものと考えられがちであった「義理の観念」を、その背景となる社会構造の変化とともに変遷してきた歴史的概念として把握する方法の必要性を提唱したことによって、義理研究に大きく貢献した[19]。

源は、日本社会において「義理」という言葉が使われ始めたのは、朱子学が江戸幕府によって導入されたことと深い関係があり、当初、「義理」は朱子学の正統的な解釈通り、人間関係において人の履《ふ》むべき道、すなわち「理」の意味で用いられていたが、このような朱子学的意味での「義理」は、「おどろくべく短い期間のうちに」「その本来の意味を失い、わが国の習俗と合して、新しい意味を獲得する過程が始まった」と主張する。源によれば、義理という観念の日本化の過程は、一六三五年に出版された仮名草子『七人びくに』にすでに描かれており、一六八八年に出版された井原西鶴の『武家義理物語』に結晶し、その後、近松門左衛門その他の作家によって日本化された義理の観念が展開したとされる。[20] すなわち、朱子学的な「義理」の観念が一般的な生活人の中に浸透するにつれて、当時の日本社会に根付いていた習俗と結びついて、朱子学が想定していた観念とは異なった意味を持つようになったというのが、源の解釈なのである。

源は日本的な「義理」として、以下の三つを提示した。[21]

（1）義理の基本的形態は好意に対する返しとしての義理である。そしてこの義理は、社会的事実としては、必ずしもその成立を近世封建社会に限定する必要はない。おそらく農村にはかなり古い時代から習俗として存在したであろう。観念としては、近世封建社会の成立とともに形成されたであろう。

（2）信頼に対する呼応としての義理は、好意にたいする返しとしての義理の成立根拠である。これなしには、好意に対する返しとしての義理も成立しない。しかし、この義理が実際の社会に成立するのは、好意に対する返しとしての義理よりも遅れるであろう。われわれが文献の上でこの型の義理を見るのは、西鶴の『武家義理物語』が最初である。契約に対する忠実としての義理はこの義理の派生形態と考えてよい。

(3) 信頼に対する呼応、好意に対するお返しをしない人は、継続的・閉鎖的な共同体において辱められ、排除される。ここにおいて、自己の対面を保持し、他人によって非難されたり、自分の名が汚されたりすることを欲しない念慮としての義理、あるいは意地としての義理が成立する。

源は、その後、新たな研究成果を一九九六年に『義理』として公刊した。同書において、源は義理ということばの歴史を以下の通り述べている。

まず、義理という文字は中国または朝鮮を通じて日本に伝えられたもので、それまでの日本には義理に相当する観念は存在しなかった。中国における義理は、礼儀行為が時宜に合致するという意味の「義」とすじみちという意味の「理」の複合語として春秋戦国時代（紀元前七七〇―前二二一年）に成立し、秦漢時代（紀元前二二一―紀元二二〇年）までに中国で定着したものである。その間、義理は次第に道義、道理的な意味合いを深め、さらに孟子（紀元前三七二―前二八九年）によって先天的性格を有するものであることが強調されたことを踏まえ、宋（紀元九六〇―一二七九年）の時代に成立した朱子学の下で、普遍的な天理としての理と人や物に対する主体的関わり方としての義との結合として、修養によって自得すべき哲理と考えられるようになる。[22]

源は、以上のような展開を遂げた中国における義理を日本社会が受容する過程を、九世紀頃から一七世紀半ば頃までの期間を三段階に分けて以下の通り整理している。

まず九世紀から一五世紀半ばにかけ、当初は(A)「わけ、意味、意義」という中国の義理の側面が受容されるが、平安末期あたり(一二世紀末)から(B)「物事の道理、理にかなった筋道」という客観的合理性の意味の義理が加わり、鎌倉後期(一三世紀後半より一四世紀初め)あたりから(C)道義的性格の義理への分化が進む。[23]

次に一五世紀後半から一六世紀末の期間に、武士の台頭に伴い、(C)の道義的性格の義理観念が形成され、その中で個人と個人との関係において成立する義理(D)、さらに宋学的義理の観念(E)も次第に受容されるようになる。[24]

その後、一七世紀にはこの宋学的義理(E)がその普遍的性格を捨象した君臣主従間の義理として武家統治の原理となり、一七世紀末より一八世紀にかけて、武士階級から他の階級の人間関係の義理へと拡大し、それまで宋学的義理と区別されていた一般人の生活の中に生きていた義理との間を架橋しようとする試みが始まった。[25]

源は、「一六・一七世紀頃、日本社会に内在していた日本人の生き方、それをめぐる価値観が、宋学の義理ということばの触媒を得て、『義理』ということばに結晶した」と総括した上で、[26]この過程において、道徳的原理という意味を持つ朱子学の義理が「意地としての義理」「面目としての義理」「好意に対する返しとしての義理」「信頼に対する呼応としての義理」等の一見似ても似つかない義理に変貌したことを指摘する。[27]

源は、日本的義理は個別的人間関係の間に成立する関係の倫理である点において儒教的義理と共通点をもつが、個別的関係を超える超越的原理をもたない、個別的関係の絶対化という点において儒教的義理とは異なっていると評価している。

その上で、源は「(日本的)義理のように水平的関係だけでなく、水平と垂直の二つの軸の交錯の中で、自他の関係を捉え直すことを通じて、義理・人情のエトスは新しい形で生かし直されるのではないだろうか」と提言している。

第4節 「天賦人権論」の民衆的土壌としての「義理」

このような源説を検討してみることにしたい。

源説によれば、義理の成立根拠は「信頼に対する呼応」である。この「信頼に対する呼応」を基盤として、「好意に対する返し」としての義理が成立したとされる。一方、源は「好意に対する返し」という社会的事実は、かなり古い時代より農村に存在したであろうと推察している。

つまり、源の二つの主張を整合的に理解しようとすれば、「信頼に対する呼応」としての義理もかなり古い時代より農村に存在していなければならないことになる。この場合の「信頼に対する呼応」としての義理とは、社会的事実としての義理であろう。

山岸俊男は信頼という概念を、①社会関係や社会制度のなかで出会う相手が、役割を遂行する能力をもっているという期待、②相互作用の相手が、信託された義務と責任を果たすこと、またそのためには、場合によっては自分の利益よりも他者の利益を尊重する義務を果たすことになる期待、の二つに分類し[28]、後者をさらに社会的不確実性(相手の行動によって自分が危険にさらされる可能性)が存在する状況のもとで、相手が自分を危険にさらすようなことはしないと期待することを「信頼」、もともと社会的不確実性がない状況での期待を「安心」に分類することを提唱している。

比較的安定的かつ固定した人間関係が持続すると想定される共同社会において、「安心」が存在したことはおそらく間違いがない。そして、この「安心」関係を維持強化する互酬関係(reciprocity)の具体的現れが、無償の共同作業や贈答の慣習であったと思われる。

しかし、山岸が主張するように、この「安心」は「信頼」ではない。また、「安心」から必ずしも「好意」は発生しないであろう[29]。

それでは、日本社会において「信頼」が必要とされる社会的不確実性とは何時生じたのだろうか。

勝俣鎮夫は日本の中世後期にあたる南北朝時代、室町時代、戦国時代の社会構造の転換を、「中世前期において一般的であった武士団の結合の解体、新しい農業共同体としての惣村の成立」に基づくものとして、以下の通り述べている[30]。

それまでの武士団は、分割相続を前提にしながら、一族が惣領を中心に結合し、一族という血縁集団が団結し、一族としての所領を支配していく惣領制的結合が一般的であった。鎌倉幕府の政治的軍事的支配体制は、この惣領制を一つの基盤としていたのであるが、その結合方式が、一四世紀ごろからくずれはじめ、その結合方式の特徴をなした相続形態も、分割相続から嫡子単独相続へ移行し、かつて惣領家に従属していた庶子家は、それぞれ一つの家として独立しはじめる。

勝俣は、惣領制の解体によって独立した多くの群小武士や惣村を基盤にのし上がってきた地侍という「個々バラバラの武士たち」を統制し、戦闘集団として機能させるために採用されたのが「一揆」という集団形式であったと述べている。[31]「一揆」とは、一四世紀から一六世紀の中世後期に、集団的な目的達成のために、あらゆる階層、あらゆる地域で結成された集団のことで、通常は「参加する全員が神社の境内に集合し、一味同心[32]すること、その誓約にそむいた場合いかなる神罰や仏罰をこうむってもかまわない旨を書きしるし、全員が署名したのち、その起請文を焼いて神水にまぜ、それを一同がまわし飲みする」こと（一味神水）によって成立した。[33]

族縁集団としての惣領制の解体や惣村の形成が進行する中で、一揆という公正で自発的な合意形成のための様式が発展したことは、きわめて自然である。そして、以上のような時代を背景として、非血縁集団、非地縁集団を規律する擬制的ファミリーのモラルも発生したと考えられる。つまり、原初的な義理の観念は、自発的な非血縁集団、非地縁集団を規律する擬制的ファミリーのモラルとして発展したものと推定できるように思われるのだ。

したがって、「信頼への呼応」としての義理が社会的事実として成立したのは、南北朝時代に始まる中世後期の武士社会および惣村（農村）であったと考えることができる。[34] 同時に、社会的事実としての「好意に対する返し」としての義理も発生したであろう。

原初的な義理が社会的不確実性の高まった時代において生まれた擬制的ファミリーのモラルであるという仮説は、義理を描いた主要な芸能作品が徳川時代初期の農本経済が農村への商品経済の浸透による農民層の分解によって次第に変容し始める元禄（一六八八―一七〇三年）・宝永（一七〇四―一七一〇年）に出現していること、[35] 義理を巡る作品を演目とする浪花節が人気を博したのが労働争議や暴動が頻発し、不況と社会不安が日本社会に広がった明治四〇年代であったこと、義理と人情を主題とする任俠映画が大流行したのが「日本全体が一九五〇年代の発展途上国型の社会から、高度成長によって先進国型の社会に変貌しつつある過渡期」にあった一九六〇年代であったことから、[36] かなりの妥当性を有していると考えられる。ちなみに、日本の農業人口は明治初期（一八七二―一八七五年）から大正後期（一九二一―一九二五年）にかけて六九・七%から五〇・八%へと二割近く減少したあと、戦後一九五〇年に四五・二%、一九六〇年に三〇・〇%、一九七〇年に一七・九%と急激に低下している。[37] 日本は人口移動の激しい社会なのである。

安丸良夫は、近世後期において封建勢力と商業高利貸資本による苛酷な収奪によって村々が荒廃しはじめ、没落の危機に直面した農民たちによって、勤勉、倹約、孝行などの民衆道徳が自覚的な倫理規範として認識されるようになったと指摘している[38]。

近世以降の義理は、安定した閉鎖的な共同社会に繁栄する倫理ではなく、共同社会が崩壊の危機に直面した際に人々の共助を促進する自覚的な社会規範意識であったのだ。

義理が、自発的な非血縁集団、非地縁集団を規律する擬制的ファミリーのモラルだとすれば、それは本来、固定的な人間関係の間の形式的規範を絶対視するものではないだろう。佐藤忠男は長谷川伸が創造した股旅ものの世界について、「町人風の義理からすらも人情からすらも疎外されている下層の流れ者が、意地を張ることによって、せめてまず、義理の結びつきをつくり、さらにまた意地を張ることによって、その義理を人情の関係に高めていくというもの」と評している[39]。

源も、日本の義理は「意地としての義理」「好意に対する返しとしての義理」に大別でき、「意地としての義理」は、その後「一分《いちぶん》」に吸収されて目立たなくなるが、江戸後期の任侠の世界、幕末の人情本、近代日本の任侠物に生きつづけていると述べている[40]。

「意地としての義理」は外面的な規制規範ではなく、他者に対する負い目に基づく「自己卑下と誇り」を伴った内面規範であり、社会的に没落したり、もともと不遇な境遇に生まれた者が生き残るために日本社会に発生・発展した、「義理の親子」「義理の兄弟」関係を規制する道徳原理であり、近松が描いたように、平等、返礼、雪辱、節操という規範論理を内包していた。近松が文芸作品を通じて提示した義理には、平等、返礼、雪辱、節操という論理は存在しても、差別の論理は見られない。

ここに、人権という普遍的規範概念が想定する「人間の基本的平等」という観念を正当化する人間観を見ることができる。

日本的義理が特定の具体的個人との間に成り立つ個別主義的倫理であるという理解は、今日でも一般的である。

しかし、源も指摘しているように、中江藤樹は『翁問答』において「天道の義理」という現世超越的な原理に言及しており、近代においても夏目漱石が「天に対する義理」について書いている[41]。

したがって、徳川時代における日本的義理の特色について検討する際には、徳川時代の影響を考慮する必要があると思われる。つまり、日本的義理の特徴とされる超越的原理を持たない個別主義的倫理という特徴は、徳川時代に形成された、時代特有なものなのではないかということである。

源は、西鶴、近松いずれのばあいでも、義理が信頼または好意に対する呼応というような性格をもっていたのに対して、近松以後は、義理は人々を束縛し拘束する外的規範という意味にのみ使われるようになったと分析している[42]。但し、源は近松以降、パーソナルな関係の義理・人情は侠客や力士を描いた作品に生き続けていると述べている。

ここで興味深いのは、兵藤裕己の論考である。(43)

兵藤は、戦前日本の擬制的ファミリーのモラルをもっとも象徴的に表わす物語として「赤穂義士伝」を取り上げる。「忠臣蔵」としても知られるこの事件は、周知の通り一七〇一年（元禄一四年）三月一四日に播磨赤穂藩主の浅野内匠頭が勅使饗応の指南役を務めていた吉良上野介を江戸城内の松の廊下で斬りつけて負傷させ、即日切腹となり、赤穂藩も取りつぶしとなることから始まる。城を明け渡した赤穂藩家臣は四散したが、翌一七〇二年（元禄一五年）一二月一五日早朝、元赤穂藩城代家老の大石良雄を含む赤穂の遺臣四七名が江戸の吉良邸を襲撃し、吉良上野介の首級を挙げたのち、幕府に自首、翌一七〇三年（元禄一六年）二月四日に切腹して果てている。

兵藤は、赤穂浪士による仇討は、主家の仇を討ったという意味で、従来兄や父など目上の血縁者が殺人の被害者である場合にのみ許されていた仇討ちの基準を破っており、さらに将軍家のお膝元である江戸においてご法度とされていた徒党・押し込みの禁を破るという、二重の意味で当時の法を破るものであったと指摘している。兵藤によると、徳川幕府は幕藩体制を維持するために法による支配を補完する社会倫理として忠孝一体の思想を唱導する一方で、「幕府にとりつぶされた大名諸藩の『家中』が、こぞって幕府＝将軍家を主家の仇敵としてねらう」ことがないように、主家の仇討は容認しないというダブルスタンダードを採用したとされる。(44)

赤穂浪士による仇討は徳川幕府が公定の社会規範として唱導していた忠義の欺瞞性を公にし、

法制度に回収されない社会正義のモラルが存在することを明らかにしたことによって、事件直後から世間で激賞された。

こうして、既存の法制度（法とその執行者）に対する抵抗の心性は、「赤穂義士伝」のような仇討物語、佐倉惣五郎のような義民物語や国定忠治などの仁俠・義俠の物語を通じて、日本社会に浸透していったのだ。

兵藤によれば、この「血縁的な家社会とは位相を異にした制度外のファミリーのモラル」は、当時、既存の社会体制から逸脱した渡世人、仁俠、博徒の世界の倫理として、物語芸人という既存の社会体制の枠外にいる人々によって語り継がれ普及していったとされる。兵藤は、このことを「社会正義である忠孝一体のモラルが、社会の良俗から逸脱した部分において典型的に担われる」と述べている(45)。

ここで、「血縁的な家社会とは位相を異にした制度外のファミリーのモラル」とは何か、兵藤の主張を確認しておこう(46)。

擬制的に親子の関係をむすぶことで、双方のあいだに、庇護と奉仕の関係が成立する。血縁的な家族関係にたいして、いわば擬制血縁の「家族」関係だが、そのような親方子方の関係が、地縁的な共同社会を再組織し、地域の人間関係や生産関係を円滑ならしめる。また、生産活動に直結する親方子方の関係は、労働力の結集を必要とする非農業民の共同体において（農村共同体よりも）重要な組織原理となる。海民（漁師、船乗り）や山民の労働・生産関係にみられる親方子方関係だが、職人の徒弟制度にみられる親方子方の関係、さらに血縁や地縁社会をはなれた芸人・やくざなどのコミュニティにあって、擬制血縁の親子兄弟の関係は、きわめて重要な社会構成上の原理となる。

武士の主従関係が家族秩序のアナロジーでとらえられたのも、一種の親方子方の関係である。『武家諸法度』の第一条が規定する「忠孝」一体のモラルとは、武士社会における擬制的ファミリーのモラルにほかならない。日本社会にかつて広範に存在したこのような親方子方の関係は、比較的最近まで、社会のさまざまな局面で観察される日本的な人間関係のあり方である。

兵藤が提起した擬制的ファミリーのモラルとは、まさに非血縁集団、非地縁集団を規制するモラル、すなわち義理に他ならない。

兵藤によれば、この擬制的ファミリーのモラルは、元禄年間（一七世紀末）の江戸に生まれたとされるデロレン祭文と呼ばれる物語芸能を通じて日本各地に広まっていき、明治二四年一一月に警察令第一五号「観物場取締規則」にもとづいてデロレン祭文の興行場であったヒラキ（ヨシズ張りの掛け小屋）が閉鎖されたのちは、浪花節に転向した芸人達によってさらに普及し、明治四〇年代には桃中軒雲右衛門《とうちゅうけんくもえもん》を中心に空前のブームを引き起こしたとされる。(47) デロレン祭文、浪花

節の主要演目は仇討、なかでも「赤穂義士伝」、武勇伝そして侠客物語であった。(48)

兵藤によれば、地縁・血縁共同体から排除された旅まわりの芸人によって日本各地に伝えられた「赤穂義士伝」等の物語は地域や階層を超えた日本社会の一元的な文化的アイデンティティを生み出し、近代日本の「国民」意識を形成したのだ。しかし、この「国民」意識は既存の法制度では公認されない非合法の仇討であった赤穂事件が象徴するように、明治政府が企図した武士社会の家父長的な家族制度をモデルとする、天皇を頂点とする家族国家観の持つ階層的・序列的モラルとは相容れないものであった。天皇の「赤子」としての国民の平等・解放幻想がこの「国民」意識と結びついたとき、それは異分子に対する排除を正当化し、現実のヒエラルキーに対する暴力的な破壊を肯定する天皇制ファシズムというテロリズムの土台となったのである。(49)

森山軍治郎は明治一七年(一八八四年)の日本の近代史上最大の民衆蜂起事件である秩父困民党事件の背景を調査する中で、困民党活動の活発だった地域と奉納された俳諧の額の数の多い地域が一致していることを発見し、また俳諧活動の高揚期と百姓一揆高揚の最終期(天保から幕末維新期)とは重なる部分が多いこと、明治三〇年(一八九七年)以降は奉額の数が急激に減ったことを発見している。(50) 奉納された俳句の中には赤穂四十七士に関する以下のような作品も含まれている。(51)

降る雪に四十七騎の噂かな　　和岳

森山はまた、秩父地方で発見された錦写絵《にしきうつしえ》の中に江戸時代初期の百姓一揆の指導者である佐倉惣五郎の物語が含まれていたことを発見している。(52) 錦写絵とは活動写真(映画)が普及し始める前（幕末から明治前期）に関東や関西地方で利用されていた、一種のスライド映写機のようなものである。

明治初期の民権運動の精神的エートスが、民衆芸能を通じて普及した日本化された儒教精神、いわゆる義理と人情であり、儒教の天道思想に基づく天賦人権論が凋落するとともに民権運動も衰退した背景に、人権と義理の繋がりが切断されたという精神的要因もあったと主張することは、荒唐無稽な推論ではないと思う。

つまり、徳川時代に体制擁護の個別主義的倫理に堕したと思われた原初的な義理観念は、実は擬制的ファミリーいわゆる非血縁関係のモラルとして、既存の社会体制から逸脱した人々によって全国に普及し、近代国家に向けた国民意識の創出を可能とする民衆道徳として徳川体制の打破に貢献し、さらに家族国家観に基づく天皇制国家を最終的にテロリズムによって掘り崩す倫理的背景を形成したということである。

第5節　日本における近代的アイデンティティの構想

私は、「理念としての人権」は、（1）すべての人間が平等な尊重と配慮に値する存在であるという人間観、（2）社会・組織・共同体は一人ひとりの人間が「善き生」を生きるために存在するという社会観を前提としており、この人間観・社会観を日本社会に定着させるには、前章の議論で確認した自律的・関係重視志向の人間・社会観に適合的な日本的な近代的アイデンティティ構想が必要であると考えている。

本節では、山折哲雄、佐藤忠男、田中元、磯部忠正の論考を参照しつつ、この問題に対する一つの試案を提出することとしたい。

山折哲雄は、「日本人は神を信じないかわりに人間を信じたのであり、人間の〝想い〟とか、〝怨み〟とかいったものを信じたのである。それが信仰としての祖霊信仰や生霊死霊のたたりの思想となり、日常のモラルとしては、人の期待を裏切ってはならぬ、という、義理人情の思想となったのだと思う[53]」という佐藤忠男の文章を引用した上で、以下の通り述べている[54]。

これはまことに重要な指摘であるといわなければならない。私は右の一文にふれたとき、それこそ目からウロコが落ちるような気分を味わった。日本人の祖霊信仰や怨霊信仰が、カミにたいする信仰から発するのではなく、ヒトにたいする信頼感情に由来するのだというのは、たしかに見のがしがたい鋭い洞察である。しかもそのような人間を信ずる生き方が、一方では日本人の祖霊信仰という宗教の世界と、他方で人の期待を裏切ってはならぬとする道徳の世界を生み出したというのである。その道徳の基本に義理人情の思想があるのだ、と結論しているわけである。

佐藤は戦前の天皇制の論理との比較で、本来の義理と人情の根本は「人間同士のアプリオリな負い目である」として、以下の通り述べている。[55]

人間同士の間では、負い目はアプリオリにあるのだ、ということの感覚は、天皇制の論理において、すべての日本国民は生まれながら天皇に負い目をもっている、とされていた心情的な論理の構造に近く、しかも、それを逆転させたものであると思う。それは忠誠観念の一種であり、しかも天皇制的忠誠観念とは逆の方向をもつものである。

佐藤によれば、武士道における忠義では公に殉ずることが至上の名誉であり、忠義のために私情を殺すのは当然であるとされ、私的な犠牲や私情は最初から問題とされないのに対して、「義理と人情」の世界では、公的な世界に生きることによって私的な世界で増大する負い目（義理）を深く自覚することこそが人情であり、しかも自分が誰に負い目を感じるかは個人の主体的な選択なのだとされる。[56] 佐藤はこのことを端的に「忠義には、臣下の忠節を踏みにじった主人に対する報復ということはないが、義理人情では、義理を踏みにじった親分には盃を叩き返して白刃を向けることが許されている」[57]と表現している。

さらに、佐藤は三浦浄心の『慶長見聞録』に拠りつつ、「江戸時代に足軽や小者が主人に手討ちにされると、居合わせた同輩がただちに主人を殺して逃げる、それを保護することが任俠であった」が、「やくざが一家をかまえ、封建体制の下で、お上のお目こぼしの下で生きつづけることとなると、つまり、身分制に歯向った者を保護する抵抗組織であることをやめ、体制内にくりこまれて体制化してしまうと、弱者の命がけの連帯、という古典的な任侠道の中に、上下関係の絶対、とか、上下関係における忠誠義務の絶対、という、〝武士道〟のモラルが導入されて、古典任侠道のモラルが武士道のモラルに乗っ取られ、親分への忠節のためには私情を犠牲にせねばならぬ、という、忠誠心の縮小再生版となってしまう」と説明している。[58]

源了圓も、儒教的義理とは異なる日本化された義理の観念が成立するのは、戦国末期もしくは近世初期の、まだ戦塵おさまらない戦闘集団としての武士社会であったと推測し、同時期に「信頼への呼応に生き、名に生き、意地に生きる武士たちのあいだに成立したパーソナルな人間関係の義理がこの義理の原初形態」であると主張する。[59] 源は、徳川時代（近世封建社会）に入って政治的価値が優先され、集権制が支配的になるにつれ、対等な人間の間の信頼に基づいた「義理」は世間体を意識する「公」の義務、すなわち「恩」に取って替わられるようになったと述べている。[60]

但し、前節までの議論で確認したように、「義理と人情」と称される「他者に対する負い目に基づく内面規範」はその後の日本の民衆道徳の中で生き続けたのである。

さて、他者に対する負い目とは、また、現実社会において敗北し、滅びて行った者への共感でもある。

田中元は、ヤマトタケル、有間皇子、大友皇子、大津皇子の事例を取り上げて、日本の思想史における基本的な特色として「敗れし者への共感」が存在することを指摘し、[61] その思想的基盤を「敗者を悼む心情はまさに悲しみの情を基調とする悲劇的生への同情であり、さらにその根底にあるのは、日常的生から疎外され、従って日常的生を超えたもの・超えざるをえなかったものに対する共感であった」[62] と述べている。「敗れし者への共感」には、日本的な「義理と人情」のモラルと同様に、超越的な存在への畏れないし信仰といった側面は存在しない。しかし、そこには個別的関係を通じた日常的生を超えたものへの共感がある。

磯部忠正は、『有限』の自覚が『無限』への思慕を誘発し、『相対』の自覚が『絶対』への憧憬の原因となる」と整理した上で、人間の有限性、相対性の自覚は、超越的絶対者を人格的な唯一神とするキリスト教や真理そのものとする仏教のような絶対者志向の宗教を生み出す一方で、根源者そのものへの志向として、祖先回帰の方向をとると分析している。[63] 磯部は、「根源者志向の方向は、その動因が意識下にはたらいており、多くは集団的慣習的な行動となって現れる。したがって、行為者個人はそれをかならずしも意識的な『救い』とは感じていない。しかし、深層心理においては、一種の安定感・調和感を味わうのである」と述べて、その実例として日本における正月の初詣、盆や彼岸の墓参り、年末の帰省、先祖の年忌法要を挙げている。[64]

山折は、一九九五年のオウム真理教事件直後に取材のために自分を訪ねてきたジャーナリストの大半が自らを「無神論者」と述べたことを契機に、現代日本人の宗教意識について考察を始め、その結果、日本人における無神論的心情は「歴史的にみれば明らかに、一種の宗教的外圧に屈して生み出された自己認識の産物であった」と結論づけている。山折によれば、日本では一六、一七世紀のキリスト教伝道と明治以降の近代化の影響の下で「宗教を問い信仰を問うことは、いずれかの教派や宗派に排他的に所属することの如何を問い、何よりも主体的な決断を要請するもの」と考えられるようになり、その結果、元日の初詣や彼岸や盆の季節の墓詣りや葬儀という形で神社や寺院に出入りする行為は、主体的行為としての「信仰」とは異なるものと言わば思い込まされ、そのような態度、心性にこそ日本社会における宗教的態度の特質があると主張することを躊躇わせる結果になったと述べている。(65)

磯部の提起した絶対者志向と根源者志向という分類は、日本人がこれまで明らかにすることを躊躇してきた自らの超越性への態度を明晰化するために、きわめて有効な視点を提示しているように思われる。

日本の根源者志向の信仰は、人間をあくまでも個別的人間関係の網の目の中で相互に負い目をもって生きる存在として把握する、西洋とは異なった形の実存主義的な信仰と考えることができる。同時に、この信仰は、「日常的生を超えたもの・超えざるをえなかったもの」に対する共感を伴っている。日本人の基本的心性は、主体的決断による現世（此世）超越という形ではなく、祖霊を含む全ての生命への心情的一体化という形態をとるのだ。

それでは、このような基本的心性を持つ日本人にとって親和性のある、「理念としての人権」が前提とする人間観・社会観はどのような構想としてあり得るのだろうか。

杜維明は、自己を関係性の中心、精神的な発達の動態的な過程として捉える人間観を提示した[66]。タイでは、悟りを実現する自己責任と、他者への強制を最小限にすることが人権の正当化根拠と考えられるようになっている。

日本では、すでに述べた通り、人間を過去および現在の他者に対する相互の負い目のネットワークの中で存在する、間人的存在と捉える人間観に基づく社会モラルが依然支配的である。

この人間観は、普遍的原理に基づいて行動する絶対者志向の個人を想定しておらず、また人格神的な超越者を想定していないという意味でキリスト教的人間観とは異なっているが、他者に対する責任を果たすことを求めているという意味で「理念としての人権」が求める人間観・社会観の一部を満たしている。

問題点は、日本では「天」に対する責任という観念が希薄であるように思われる点である。すなわち、加藤周一が指摘したように、日本社会には「(個人の)集団への全面的組み込まれにともなう普遍的価値の弱さ、ないし集団があたかも普遍的価値であるかのような神聖化[67]」が起きやすい精神風土があるように思われる。

次節ではこの課題を取り上げる。

第6節 「天理、国法、人情」の現代的意義

平石直昭は、「『天』が、現代の日本では、ある統一的な思想体系を表現する言葉としては、ほとんど死語化している」として、その経緯を概略次の通り述べている。(68)

明治の初頭に福沢諭吉(一八三五―一九〇一)は、「天は人の上に人を造らず。人の下に人を造らずといへり」と述べた。それは維新政府による四民平等のスローガンを背景として、当時の日本人に新鮮な感動を与えた。

明治の初頭にこうした革命的な役割をはたしえた「天」の理念が、その後の日本近代史の過程で、しだいに思想的な象徴としての意味を失っていった。

太平洋戦争直後に文部省が刊行した『臣民の道』『国体の本義』では、「万世一系の国体」すなわち天照大神という日本の祖先神の意志をうけた日本の世界支配が「天業」の意味とされ、本来「天」が古代中国でもっていた個別王朝を超えた普遍者という意味も失われた。

平石は、「天」の死語化によって、「大半の日本人の意識は『日本』という共同体の空間の内部に閉じこめられ、それを超えた普遍的な広がりをもてなくなってしまったのである」と慨嘆して

いる。

　水林彪によれば、中世に萌芽的に現れ、戦国時代に大流行したと言われる「天道」という観念は、天皇や将軍を含めてこの世のすべての人々の栄枯盛衰を司る不可視の超越者を意味し[69]、戦国期においては抵抗・反逆の正当化の機能を果たしていたが、徳川幕府の下で朱子学がその「理」思想を「天道」概念と同様なものとして説明したことを通じて、徳川幕府による支配の正当化原理としての側面のみが残り[70]、水戸学の「天」を天照大神＝天祖とする歴史観によって日本社会から完全に抹消されたとされる。水林は、「今日の日本社会の重要な特徴のひとつである人々の中間諸団体へ強い組み込まれ現象と中間団体を介しての緊密な国家統合」は幕藩体制において確立されたものであり、法を人の権利を守るものというより、国家が自由に人々の自由を束縛するための命令とみなす法観念も同時期に確立されたものと述べている[71]。

　一方、丸山真男は頼山陽（一七八一―一八三二年）の史論『日本政記』を引用して、「御恩」と「奉公」の封建的忠誠関係が「組織」への忠誠ではなくて、どこまでもパーソナルな情誼を基礎とするものとして描かれる一方で、天道説と大義名分論に基づく規範主義的判断が歴史的興亡の因果分析に適用されていることを例証し、藤田幽谷（一七七四―一八二六年）・東湖（一八〇六―一八五五年）、会沢正志斎（一七八二―一八六三年）などの後期水戸学にも、超越的な天道の理念は生きており、具体的な天皇の人格にも、皇祖皇宗という血統の連続性にも完全には吸収されてはいなかったと評価している[72]。

いずれにせよ、日本にも、「天道」観念という普遍的な原理がこの世の権力者の上位に存在するという思想が、存在していたということである。

私は、本章冒頭で述べた通り、戦後の日本は「義理」や「天」という観念を、戦前の超国家主義を否定する中で前近代的観念として切り捨ててしまったと考えている。

例えば、「義理」は現代の中国、韓国でも人々の日常的な行動原理として深く社会に浸透しており、日本のように否定的には捉えられていない。東アジアでは、日本人だけが「義理は日本社会にのみ存在する」と錯覚しており、しかも日本化した「義理」は個別主義的で本来の普遍主義的な意味を失った、近代化を妨げる古臭い道徳規範である否定的に評価するのが一般的である。[73]

「天」についても、事情は同じである。中国では今日でも「天理、国法、人情」が司法の運営原理として機能している。[74]

現代中国の代表的な思想家である汪暉は、その主著『近代中国思想の生成』において、天理と公理という政治理念が中国の歴史においてどのように形成されたかを、西洋「近代」が中国に与えた影響を踏まえて詳細に分析している。

汪暉によれば、「天理」は古代中国の理想的政治秩序（礼楽制度）とされる「三代の治」[75]が失われたという時代認識から生まれた、宋代の非理想的な現存の制度・法律・規範に対する抵抗の原理として生成した。「公理」は西洋「近代」の衝撃とその対応のなかで必要とされた合理的な科学的世界観として「天理」に取って替わった。[76]しかし、汪暉は「天理的世界観の衰弱と科学的世界観の勃興は、単純な入れ替わりのプロセスだったのではなく、両者の間には相互浸透が認められる」(77)と指摘して、以下の通り述べている(78)。

天理と公理は、どちらも、心と物の関係、そして、事物の秩序の問題を扱っている。というのは、「天」と「公」は一種の普遍性を名指すものであり、「理」とは、「物」を超越し、かつ「物」に内在するような法則を示すものなのだ。注意すべきは、天理的世界観に対する公理的世界観のはげしい批判の過程では、時間・空間を超越した普遍的秩序を表す「理」という概念が、革命的転換の中でも維持されたということである。

つまり、中国の歴史においては、体制変革の原理として「理」に象徴される普遍的・超越的な価値への訴えがつねに行われてきたということである。

しかし、近代日本においても「天」を重んじる思想家・実務家が存在した。その代表例は、横井小楠の「天地公共の実理」(79)である。源は、この語について以下の通り解説している(80)。

ここでの「天地公共の実理」とは天地の下にある国々が、公のものとして共有し、共に従わねばならない規範性をもつ内容の「理法」という意味であろう。そして恐らく公共の意は、もろもろの個人、社会、国家、世界(小楠の表現では天下)に共有されるべき公正、公平な普遍的価値という意である。

一方で、横井は元治元年（一八六四年）に井上毅との対話のなかで、当時の日本にあった三種類の開国論について意見を述べている。[81]

井上は、いま開国論が三種類あるように思えるが、どれがいいのかと質問している。井上のいう三種類とは、

（一）「日本を正大にして神聖の道を宇内に推広し申すべしとの説」

（二）「自から強ふして宇内に横行するに至らんとには、水軍を始め航海を開くべしと申す説」

（三）「胸憶を開て彼と一体の交易を通ずべしと申す説」

である。

小楠は答える。まず（一）は、よくない。「神聖の道と申されまじく、道は天地自然の道にて、乃我胸臆中に見え候処の仁の一字にて候。人々此の仁の一字に気を付け候へば、乃自然の道にて候」だという。そうして、「神聖の道」からの連想だろうか、「神道の害は甚だしきことにて、水戸・長州など神道を報じ候族、君父に向い弓候埒に相成候」と念を押す。神道を背景にした日本至上主義はいけないというのである。

（二）も、よくない。「横行と申しこと已に公共の天理にあらず候。所詮宇内に乗出すには、公共の天理を以つて彼等が紛乱をも解くと申す丈の規模にこれなく候ては相成るまじく、徒に威力を張るの見にいでなば、後来禍患を招くに至るべく候」である。選びとるべきは（三）であり、単にそれだけでなく、（二）の答の中に含まれていたように「公共の天理を以て彼等が紛乱をも解く」という積極的姿勢が必要なのだった。

さらに、横井は他者との対話・討論を通じて「公論」を形成することの重要性も説いており、この思想は「広ク会議ヲ興シ、万機公論ニ決スベシ」という「五箇条の御誓文」第一条となる[82]。源は、横井の思想について「彼の『公』観念が今日まで十分に省みられなかったのは、それが為政者の立場からの発想で、一般市民からの発想ではなかったこと、政教一致の立場にたっているために、近代的政治観に合致しなかったためである。確かに小楠の思想的立場からは『人権』という発想は出てこない」と評価している[83]。

しかし、三上一夫は明治一〇年代の自由民権運動に横井小楠の門弟や横井の論策に触発された民権家や民衆層が深く関わったことを、越前と熊本における自由民権運動の歴史研究を通じて明らかにしている。三上は、さらに明治九年（一八七六年）には小楠門弟の熊本実学派の請願活動により熊本県会が開催され、明治一五年（一八八二年）二月五日には熊本実学派が中心となって公議政党を組織したこと、公議政党趣旨のなかには「公衆ノ自由ヲ拡充シ、幸福ヲ保全スルニハ、公議ヲ重シ輿論ヲ採ルノ立憲政体ヲ確立スルニ若クハナシ」[84]との文言があることを紹介している。この文言の前段は、横井の思想の延長上にある人権思想そのものである。[85]

明治以降に登場した「人権」思想が当時のキリスト教の影響を深く受けていたことは、前章で概観した賀川豊彦の例からも明らかであるが、同時に儒教的伝統が日本における人権の定着に大きく寄与したことは間違いない。

日本は戦後、米国を中心とした西洋文化の圧倒的影響のもとにあったが、二一世紀以降急激に台頭した中国が海外において孔子学院等を通じて積極的に儒教の普及を図るなかで、自らの儒教的伝統の再検討が必要となっている。

今後、日本が東アジアの一員として近隣諸国・社会と平和的友好関係を築くためには、戦後の日本が切り捨てた東アジアの知的資産を東アジアの隣人たちともう一度振り返り、現代に活かす作業をともに試みることは一つの有効な手段であると私は考えている。

その一つの手がかりとして、東アジア共有の政治理念である「天理、国法、人情」を比較思想史的に取り上げ、例えば中国、韓国、日本においてこの理念がどのように変容し、今日どのような一般的意味を有するに至ったのか、あるいは至らなかったのかを検討することは有意義な作業であると私は考えている。例えば、第一〇回東アジア法哲学会において、李朋輝は日本の「義理」は現代中国における「人情」の意味により近いと回答している。[86]これは、蔡枢衡の「国法とは国家生活の規範であり、本質的には人情を超え、また常に人情にかなったものであり、人情に反する法律は妥当な法律ではない」(87)という定義とも符合する。日本の「義理」が個別主義的倫理と形式的な社会的義務を意味するようになった経緯と、中国の「人情」の精神史を比較することは、日本の近代の光と影を明らかにする上でもきわめて有効な作業となり得るであろう。

現代日本が直面する喫緊の課題はグローバル化への対応である。そのために必要な日本社会の「内なる開国」を推進するには、「温故知新」によって「同質性」「集団的志向」神話に象徴される現代日本の陋習を破らなければならない。

「義理と人情」「天理、国法、人情」という東アジア共有の理念は、そのために好個の材料を提供するであろう。

注

(1) 丸山真男「忠誠と反逆」『忠誠と反逆』(ちくま学芸文庫、一九九九年)、五八―六三頁(初出は一九六〇年、小田切秀雄編『近代日本思想史講座』第六巻(筑摩書房))。

(2) 加藤弘之『国体新論』(一八七五年、明治八年)第六章には「天賦ノ人権」という表現がある。また、中江兆民『民約訳解』(一八八二年、明治一五年)にも「人之権」という表現がある。

(3) 井上厚志「中江兆民と儒教思想――「自由権」の解釈をめぐって」『北東アジア研究』第一四・一五合併号(島根県立大学北東アジア地域研究センター、二〇〇八年三月)、一一七―一四〇、一二四―一二五頁。

(4) 長谷川昇『博徒と自由民権』(平凡社、一九九五年)。

(5) 前田智幸『海と浦安』(市川よみうり新聞社、二〇〇八年)。

(6) 丸山真男は、朱子学の特色の一つを「孔・孟・曾・子の根本精神を把握する義理の学であろうとすること」

と述べている。丸山真男『日本政治思想史研究』。「義理の学」とは正しい生き方の実践を目指す学問という意味である。

(7) 李知蓮「義理と東アジア」『国際日本学論叢』第一一号(二〇一四年)、および李知蓮「東アジア共生意識の可能性――義理の問題を中心に」法政大学博士学位論文(第五四三号)(二〇一四年三月二四日)。

(8) 川島武宜「義理」『思想』三二七号、昭和二六年九月号(岩波書店、一九五一年)。

(9) ルース・ベネディクト、長谷川松治訳『菊と刀』(講談社学術文庫、二〇〇八年)(初版：社会思想研究出版部、一九四八年)、一六五頁。

(10) 六本佳平『日本法文化の形成』(放送大学教育振興会、二〇〇六年)、一八六―一九〇頁。

(11) 安田三郎「義理について――日本社会ノート(一)」現代社会学会議編『現代社会学』創刊号(講談社、一九七四年)、一七九―一九七頁および「続・義理について――日本社会論ノート(二)」現代社科学会議編『現代社会学』Vol. 1 No. 2(講談社、一九七四年)、一六三―一七四頁。

(12) 大木雅夫『日本人の法観念』(東京大学出版会、一九九六年)(初版：一九八三年)、二三四頁。

(13) 前掲書、二一五―二一八頁。

(14) 今道友信『東西の哲学』(TBSブリタニカ、一九八一年)、二二八頁。

(15) 前掲書、二三四頁。

(16) 前掲書、六六頁。

(17) 水林彪『封建制の再編と日本的社会の確立』(山川出版社、一九八七年)、八八頁。

(18) 前掲書、一八頁、五〇―五一頁および八二―八八頁。

(19) 原道生「虚構としての『義理』」相良亨・尾藤正英・秋山虔編『講座日本思想3秩序』(東京大学出版会、一九八五年)、二九四―二九五頁。

(20) 源了圓『義理と人情』、四九頁。

(21) 前掲書、五九―六〇頁。

（22）源了圓『義理』（三省堂、一九九六年）、二八―三五頁。
（23）前掲書、三八―四〇頁。
（24）前掲書、四〇―四一頁。
（25）前掲書、六四―六五頁。
（26）前掲書、一三六頁。
（27）前掲書、六六頁。
（28）山岸は二つの信頼の実例として、自分が乗っている飛行機のパイロットに対する信頼と、夫は浮気をしないと信じている妻の信頼を挙げている。山岸によれば、パイロットが飛行機の操縦に必要な能力を持っていると期待するのが①の意味での信頼、夫の浮気能力ではなく、浮気をする意図に対する期待が②での信頼に当たる。山岸俊男『安心社会から信頼社会へ』（中公新書、二〇一〇年）、一二―一五頁。
（29）山岸は、「安心」の事例として、ボスを裏切った人間は直ちに処刑させることがはっきりしているため誰もボスを裏切ろうとはしない、マフィアの世界を挙げている。山岸俊男『安心社会から信頼社会へ』、二一頁。
（30）勝俣鎮夫『一揆』（岩波新書、二〇〇八年）、六一頁。
（31）前掲書、六四頁。
（32）一味同心とは、集団に参加したメンバー全員が主体的に公平に意見をのべることを神に誓約した上でなされた話し合いの結果を踏まえた多数決を全会一致とみなすことである。前掲書、二一―二六頁。
（33）前掲書、二頁および二八頁。
（34）源は同時期に「信頼への呼応に生き、名に生き、意地に生きる武士たちのあいだに成立したパーソナルな人間関係の義理がこの義理の原初形態」であったと主張している。源了圓『義理と人情』、六四頁。
（35）井原西鶴の『武家義理物語』は一六八八年（元禄元年）に刊行されている。また、元禄赤穂事件（元禄一五年）（一七〇二年）を題材とするをとった近松門左衛門作の人形浄瑠璃『碁盤太平記』が竹本座にて上演されたのは一七〇六年（宝永三年）である。

(36) 小熊英二『1968』上・下(新曜社、二〇〇九年)、一五三頁。
(37) 中村隆英『日本経済』、三三―三七頁および中村政則「一九五〇―一九六〇年代の日本」『岩波講座 日本通史』第二〇巻『現代1』(岩波書店、一九九五年)、五三―五四頁。
(38) 安丸良夫『日本の近代化と民衆思想』(平凡社、一九九九年)、一二―一四〇頁。
(39) 佐藤忠男『長谷川伸論――義理人情とはなにか』(岩波書店、二〇〇四年)、二五四頁。
(40) 源了圓『義理』、七三―七五頁。
(41) 源了圓『義理』、一二七頁。中江藤樹は「時と処と位によくかなって、それに相応した義理を中庸となづけている」と定義したうえで「[財宝を用いる場合には]まず私欲の汚れを捨てて天道の義理を鑑とし、時と処と位によくかなって相応するところを分別して、財用の節度を考え知るのである」と述べている。中江藤樹「翁問答」伊藤多三郎『中江藤樹 熊沢蕃山』(中央公論社、一九八三年)、一一一―一一二頁。夏目漱石の明治三八年九月一七日付高浜虚子宛書簡、『漱石全集』第二二巻(岩波書店、一九九六年)、四〇九頁。
(42) 源了圓『義理と人情』、一二五頁。
(43) 兵藤裕己『〈声〉の国民国家』(講談社学術文庫、二〇〇九年)。
(44) 前掲書、一四九頁。
(45) 前掲書、一五二頁。
(46) 前掲書、一四七頁。
(47) 前掲書、一五―二一頁および五八―八三頁。
(48) 前掲書、九二―九七頁および二〇六―二二六頁。
(49) 前掲書、九二頁、一七五―一八七頁、一九二―一九三頁、二三一―二三三頁、二三七―二三八頁および二四八―二五四頁。
(50) 森山軍治郎『民衆蜂起と祭り――秩父事件と伝統文化』(筑摩書房、一九八一年)、七九―八五頁。
(51) 前掲書、七三頁。

(52) 前掲書、一〇五―一〇六頁。
(53) 佐藤忠男「一宿一飯の義理」『長谷川伸全集』付録月報No. 16。山折哲雄『義理と人情』（新潮社、二〇一一年）、一二四頁。
(54) 山折哲雄『義理と人情』、一二四―一二五頁。
(55) 佐藤忠男『長谷川伸論――義理人情とはなにか』一九頁。
(56) 前掲書、二二頁および二八頁。
(57) 前掲書、二七頁。
(58) 前掲書、二四―二五頁。
(59) 源了圓『義理と人情』、六四頁。
(60) 前掲書、五七―五八頁。
(61) 田中元『敗れし者への共感――古代日本思想における〈悲劇〉の考察』（吉川弘文館、一九七九年）。
(62) 前掲書、二七九頁。
(63) 磯部忠正『日本人の宗教心』（春秋社、一九九七年）、四四―四六頁。
(64) 前掲書、四七頁。
(65) 「こうして日本人はいつしか、宗教や信仰にかんする二者択一の態度すなわちキリスト教的思考を唯一の鏡として、われわれ自身の内面をのぞきこむようになっていった。あれかこれかという主体的決断の視線を基準にして、あれもこれもという主体滅却の精神風景を眺める習性ができあがってしまったといってよいだろう」山折哲雄『近代日本人の宗教意識』（岩波現代文庫、二〇〇七年）、六頁。
(66) Tu Wei-Ming, *Confucian Thought: Selfhood As Creative Transformation*, State University of New York, 1985, p. 113.
(67) 加藤周一、M・ライシュ、R・J・リフトン著、矢島翠訳『日本人の死生観』下巻、（岩波新書、一九九七年）、二四六頁。
(68) 平石直昭『天』（三省堂、一九九六年）、五―一〇頁。

(69) 水林彪『封建制の再編と日本的社会の確立』、八八頁。
(70) 前掲書、一九二―一九三頁。
(71) 前掲書、六頁。
(72) 丸山真男『忠誠と反逆』。
(73) 二〇一六年五月二七日より二九日にかけて韓国安東市で開催された第三回21世紀人文価値フォーラムにおいて韓国および中国の参加者に確認したところ、現在の中国では「義理」は友人間の信頼関係を示す言葉になっており、韓国でも一般に「義理」は男性の間の友情を示す言葉として使われているとのことであった。なお、現代韓国における「義理」観念については、李知蓮「東アジア共生意識の可能性――義理の問題を中心に」法政大学博士学位論文（第五四三号）（二〇一四年三月二四日）第三章第三節「義理と友情」を参照。
(74)「这个判断的标准是天理国法人情一概念，或天理、国法、人情三概念之互相同一或沟通。国法是国家生活的规范，本质上是超越人情而又常是合乎人情的；违反人情的法律，不是妥当的法律。天理是自然和社会的法则，本质上是超越国法而又和国法暗合的」（この判断基準は天理国法人情という一つの概念、または天理、国法、人情という三つの概念の互いに同じまたは相通ずるところによるものである。国法とは国家生活の規範であり、本質的には人情を超え、また常に人情にかなったものであり、人情に反する法律は妥当な法律ではない。天理とは自然および社会の法則であり、本質的には国法を超えながら国法と暗合するものである）。蔡枢衡『中国法理自觉的发展』（清华大学出版社、二〇〇五年）。
(75) 夏、殷（商）、周という古代中国の王朝時代を指す。一般に理想的道徳秩序が実社会において実現していた時代と見なされている。
(76) 汪暉著、石井剛訳『近代中国思想の生成』（岩波書店、二〇一一年）、一〇八―一四一頁。
(77) 前掲書、一一一頁。
(78) 前掲書、一一七頁。
(79)「有道無道を分たず一切拒否するは天地公共の実理に暗して遂に信義を万国に失ふに至るもの必然の理

也」横井小楠「夷虜応接大意」（嘉永六年＝一八五三年）山崎正董編『横井小楠遺稿篇』（日新書院、一九四二年）、一一頁。
（80）源了圓『横井小楠研究』（藤原書店、二〇一三年）、一七一頁。
（81）松浦玲『横井小楠』（ちくま学芸文庫、二〇一〇年）、二六九―二七〇頁。
（82）源了圓『横井小楠研究』、一六七―一七〇頁。
（83）前掲書、一九二頁。
（84）『熊本新聞』明治一五年三月一四日付。
（85）三上一夫「明治維新、越前・熊本の自由民権運動にみる横井小楠路線」『福井工業大学研究紀要』第二六号（一九九六年）。
（86）二〇一六年一一月五日、六日に中国北京市で開催。李朋輝（昆明理工大学）は日本の法制度の近代化に果たした精神的動機について報告を行った。
（87）蔡枢衡『中国法理自覚的発展』（清华大学出版社、二〇〇六年）。

第五章　新たな人権理論の必要性——将来世代の権利

第1節　将来世代の権利を巡る課題とアプローチ

地球温暖化の進展、生物多様性の減少、有害な化学物質・産業廃棄物の国外廃棄等、現在世代のみならず将来世代の人類の健康又は生活環境に被害をもたらす事態が世界的に深刻化している。その中に、二〇一一年三月一一日の東日本大震災に伴い発生した、東京電力株式会社福島第一原子力発電所（以下、福島原発）事故も含まれる。

安全で健康的な環境で生きる将来世代の権利を保障することは、現在世代の将来世代に対する責任であることはまったく自明のことであるように思われる。しかし、この問題を権利論という枠組で取り扱うことには大きな困難がある。

例えば、森村進は「将来世代の権利に対して現在世代は義務を負う」という議論は成立しないと主張し、その理由として主要な権利論である「権利意思説」と「権利利益説」を踏まえて以下の通り述べている。権利とは正当とみなされる意思の力であるとする「権利意思説」をとると、未来世代は現在において自らの意志を行使できない以上、未来世代の権利を語ることは困難である。また、権利を正当に認められた利益であるとする「権利利益説」をとった場合でも、未来世代の権利を現在において正当に行使できる代理者は誰か明確でないので、未来世代の権利を語ることは困難である。森村は、さらに将来世代の構成と規模は、現在世代の選択に依存するという意味で確定し得ず、同定できない人物の権利を語ることは困難である点を挙げている。[1]

宇佐美誠も「将来世代は現在世代に対して配慮請求権を持つから、国家は現在世代を代表して配慮義務を負う」という将来世代の権利論は、一見もっともらしいが支持できないとして、その理由を以下の通り述べている。選択可能な二つの政策A、Bがあり、政策Aが実施された場合に存在するであろう将来世代をα、政策Bが実施された場合に存在するであろう将来世代をβとする。政策Aが実施された場合の将来世代の厚生が政策Bが実施された場合よりも高い場合であっても、βは政策Aの実施請求権を有しない。何故なら、もし政策Aが実施されればβは存在しないことになり、自らの不存在を引き起こす政策Aを請求する行為の請求権は考えることができないためである。また、βはαの持つ厚生の実現可能性を知らないのであるから、βの厚生を根拠としてBの実施禁止権を将来世代βが持つと想定することも不可能である。[2]

以上の議論を踏まえて、宇佐美も森村も、権利に対応しない非対応義務として将来世代に対する現在世代の配慮義務を把握するという考え方を提示している。

将来世代の権利という考え方はほんとうに成立しないのだろうか。

先ず、森村の批判について、確かに将来世代が現実に存在しない以上、その意思の行使を保障するものとして、将来世代の権利を正当化することは難しいように思われる。同様に、将来世代の利益保護を権利の存在意義とする利益説も、現在世代を将来世代の受託者ないし管理者と考えれば、将来世代に対する現在世代の配慮義務という考え方で十分に説明がつくようにも思われる。

しかし、そもそも利益説や意思説が、将来世代の生命、自由、幸福の追求への権利のような、人間の基本的なニーズに関わる権利の説明理論として適当かどうかという問題がある。H・L・A・ハートは、ベンサムの功利主義的法理論を批判して、法的権利とは「法によって尊重される選択」であるとする「権利＝選択説」を提示したが、利益説も選択説も憲法によって保障されている基本権の説明理論としては十分ではないことを認めている。ハートによれば、基本権に関わる憲法学者や個人主義的な法の批判家たちにとって、権利観念の核心とは個人の利益でも個人の選択でもなく、最低限の基本的な個人的ニーズであるからである。[3] 人権は通常の権利とは異なって、利益や選択（意思）ではなく、人類の基本的（普遍的）ニーズを保障する点にその根拠が求められるのだ。

つまり、将来世代の権利を論じる際に、われわれは「通常の（ordinary）権利」を想定しているのか、それとも確立された立法手続きによって制定される法に先立ってすべての人間が生まれながらに持つとされる「人権」を想定しているのかによって、その論証手続きは異なるように思われる。

私は、まずパーフィットが提起した将来世代の非同一性問題に基づく宇佐美の批判について検討する。宇佐美の批判は、仮にある将来世代が現在世代に特定の政策を実施することを要求した場合、現在世代がその要求に応じた結果、まったく異なった将来世代が生まれる可能性があり、そのような自己（世代）を否定するような権利は論理的に存在し得ないというものである。まず、この議論は論点を取り違えているように思われる。現時点で将来世代は存在しないのだから、将来世代が現在世代に具体的な政策を要求することはあり得ない。しかし、そのことは将来世代が現在世代に対して何らの請求権を持たないということではない。私は、通常の権利とは異なる「人権」をさらに「理念としての人権」「道徳的権利としての人権」に分類し、「理念としての人権」には規範概念としての普遍性があると同時に、現代多文化社会においては、それぞれの文化に適合的な正当化根拠が必要であると主張した。将来世代の人権は現時点では存在しないので、実定法上の権利の請求者になることは考えられないから、将来世代が保有すると考えられる人権は「理念としての人権」以外にはあり得ない。したがって、その規範要求は理念次元に限定される。つまり、現代世代に対して「人間の基本的ニーズを満たす政策を自らの想像力が及ぶ範囲の将来世代に対して実現するための最善の政策を立案し実現し、さらにその選択の可謬性を自覚し、検証する姿勢を促す」権利以外に、将来世代が持つということは考えられない。したがって、将来世代の要求する政策によって、当の将来世代の構成自体が変わるという議論は成立しない。

さらに、宇佐美およびパーフィットの議論は、政策を単一のものとして捉えるという過ちを犯しているように思われる。例えば、経済政策の主要目標は通常、（1）安定的な経済成長、（2）雇用確保、（3）物価安定、（4）所得・資産の再分配による経済格差の是正、と考えられており、そのために財政政策、金融政策、構造改革等の政策手段が動員されるが、周知のとおり（2）と（3）は一般にトレードオフの関係にあり、実務上はその時々の政策目標の優先順位および世論の動向を踏まえながら、複数の政策手段が異なったウエイトをもって実施されるのが一般的である。その結果は採用された政策手段と客観状況によって異なるであろうが、基本的に政策者は自らの政策の達成目標を、上記四つの主要政策目標のそれぞれの許容範囲内に定めるのが一般的である。

つまり、異なったポリシーミックスは異なった結果を引き起こし、異なった将来世代を生み出すかも知れないが、そのことからただちに、それらの将来世代が共通の属性を持たないまったく異なった存在となるということは結論できないように思われる。

将来世代が現在世代と比して生物学的にまったく異なった存在に変容するのでない限り、どのようなポリシーミックスが採用されたとしても、その目指すところには共有の部分があり、したがってどのような将来世代にも共有の特質があると想定することができるということである。

実際に、H・L・A・ハートが述べたように、（ｉ）人間の傷つきやすさ、（ⅱ）（人間の）おおまかな平等性、（ⅲ）（人類の）限られた利他性、（ⅳ）限られた資源、（ｖ）（人間の）限られた理解力と意志の強さ、を前提とすれば、「人々が共に生き続けるという最小限の目的」を実現するための一定の規範が必要であり[4]、今後も人間の特質が上記の通り変わらないとすれば、将来世代の変容可能性も、人間の基本的特質によって規定された範囲内でのみ可能であると言えるように思われる。

つまり、宇佐美の批判は、現在世代がとり得る政策が無制約であり、その結果生まれるであろう将来世代は現在世代とまったく異なることがあり得ることを前提にしているという意味で適切な前提に立っておらず、将来世代もH・L・A・ハートが主張するような人類の特質を持ち続けることを推定しうるとすれば、現在世代がとり得る政策には一定の制限があり、将来世代の可塑性もその範囲に留まるであろうと想定することが許されるように思われる。

次に、吉良貴之の「将来世代の権利は構成員の同一性に左右されない集団的権利として構成されなければならない」「将来世代は、現在のわれわれによる擬制としての適切な範囲のもとにその主体性が立ち上げられなければならない」という提案を取り上げる。

吉良はまず、外国人や法人の人権享有主体性について、人権の性質に応じて保障の範囲を画定する「性質説」が通説であることを踏まえ、将来世代についてもその性質に応じて限定的な主体性を認めることは可能であると主張する。

そのうえで、吉良はハンス・ヨナスを引用して、科学技術の発展によって人類が数百年、数千年後の将来に影響を与えるようになり、われわれの想像力も同様な射程を持つようになった結果、それに応じた新しい倫理が必要となったことを指摘して、将来世代もまたわれわれと同じ生身の人間であって良好な環境を受け継ぐことを望むに違いないと想像する力を涵養するという点に、将来世代の権利論の意義を認める。[5] その上で、吉良は（1）実現すべき共通善を実体化し、（2）個人の自我が共同体の伝統的価値によって構成されることを強調する共同体論に基づくアプローチを一つの有力なものとして提示し、個人と世界の間に共同体というクッションを置くことによってわれわれの想像力の対象を自己の属する共同体の後続世代に限るという、リチャード・ヒスケスのアプローチを現実的として肯定的に評価する。[6] 吉良は、将来世代の権利論は、（1）（パーフィットの）非同一性問題に対処するために、将来世代の権利は構成員の同一性に左右されない集団的権利として構成されなければならない、（2）誕生する権利を認めることができない以上、将来世代は、現在のわれわれによる擬制として適切な範囲のもとにその主体性が立ち上げられるものである、という構成をとらざるを得ないのではないかと述べている。[7]

次節では、吉良の議論をさらに検討するために、集団的権利論を巡る課題を取り上げる。

第2節　集団としての人権を巡る課題

今日の世界では、個人が人権の主体であることについてはほぼ合意があると言ってよいだろう。しかし、ある種の集団が集団的権利を有するかどうかについては様々な意見が存在する。ヴァーノン・ヴァン・ダイクは（近代的な意味での）国家の存在は国民が集団的存在として権利を有することを暗黙のうちに示しており、民族（the nation）は国家（a state）であるべきであるという主張は、民族集団に道徳的権利を承認することを含意すると述べている。ヴァン・ダイクが言及している民族集団としての国家、つまり国民国家の権利とは、主権のことである。主権は一般に、（1）国家の統治権、（2）国家の最高独立性、（3）最高の決定権、という三つの意味を有する。[8]主権を国家の集団的権利と読み換えることによって、ヴァン・ダイクは国家以外の集団も集団的権利を有するという議論を展開した。[9]

確かに、主体的権利としての人権という観念の中には、自己決定権（統治権・決定権）、不可侵性（最高独立性）という主権と相似的な特質がある。

しかし、国家主権は法実証主義的国際法学における公理的原則である「合意は拘束する（pacta sunda servanda）」の論理的前提条件であり、これまで国家間合意以外の、例えば自然法のような法的根拠を否定するために援用されてきた。[10]

また、ヴァン・ダイクの議論に従えば、集団的権利は単なる実定法上の権利ではなく、道徳的権利でもあり得ることになる。もし、集団的権利が道徳的権利、いわゆる集団的人権であるとしたら、集団的人権は道徳的権利としての個人権と同様な制約に服するのだろうか。それとも、異なった制約原理が必要なのだろうか。

浦山聖子によると、日本の憲法学界においても、「社会における文化的多様性の承認への共感と同時に、憲法上の権利の担い手は個人であるという従来の法学を支えてきた個人主義的発想と多文化主義が主張する集団への一定の権限の付与や集団の保護の間の緊張関係へのきわめて強い懸念が見られる」とのことである[11]。

歴史的には、集団的権利の要求は少数民族・先住民族の権利主張として発展してきた。集団的権利に関するもっとも代表的な国連公式文書は「先住民族の権利に関する国際連合宣言」である。二〇〇七年九月一三日、ニューヨークの国連本部で行われていた第六一期の国際連合総会において採択された同宣言第一条は「先住民族は、集団または個人として、国際連合憲章、世界人権宣言および国際人権法に認められたすべての人権と基本的自由の十分な享受に対する権利を有する」と定め、さらに民族としての平等権（第二条）、民族としての自己決定権（第三条）、同化を強制されない権利（第八条）、文化的伝統と慣習を保持する権利（第一一条）、宗教的伝統と慣習を保持する権利（第一二条）等個別的な集団的権利を列記している[12]。

それでは、ＬＧＢＴや女性、子ども、高齢者、障碍者は、集団としての権利を主張し得るのだろうか。そもそも、どのような集団が集団的権利を持つと認められるのだろうか。また、正当化され得る集団的権利のカタログは集団の性質によって異なるのだろうか。

集団的権利に対する批判は二つに大別される。第一が権利主体としての集団という観念に対する批判で、さらに以下の三つに分かれるとされる。

（1）実体として存在するのは個人だけで、集団という実体は存在しないという存在論的批判。

（2）集団は構成員に役立つ限りで何らかの道具的価値を持つに過ぎないから、権利を持つことはあり得ないという価値論的批判。

（3）集団は構成員の変容や異質な下位集団によって一貫したアイデンティティを持たないので、権利を持つことはありえないという社会学的批判。

第二が集団に権利を認めることによって、集団内の弱者に対する抑圧が正当化されるという帰結主義的批判である。[13]

それでは、以上の集団的権利論批判を順次検討していくこととする。

先ず、存在論的批判であるが、個人のみが実在し集団は実在しないとすると、例えば法人は擬制であって実在せず、したがって学校法人というものは実在しないことになる。確かに、ある特定の大学を構成するのは校舎やキャンパス等と物理的施設と教職員と学生である。これらの施設や教職員や学生は確かに「存在」する。それでは、「大学」は「存在」しないだろうか。一定の権利能力と行為能力を有する法人としてその実在性は認められているとするのが通説であり、したがって少なくともある種の集団には、個人と同様な「実在性」が認められていると考えるのが合理的な解釈である。

次に、集団は構成員たる個人の道具に過ぎないという価値論的批判は、例えば戦前の日本における超国家主義が国家を個人より優位な価値主体とみなし、集団的目的のために個人の自由や権利を蹂躙したことに対する反省に基づく、究極的な価値の主体は個人であるという主張であるとすれば一定の意味がある。しかし、集団が究極的に個人の（広い意味での）福利の実現のための手段であることを受け入れたとしても、このことは集団が個人の福利の実現のために集団的権利を有することがより合理的であるという議論を論破するものではない。第3節で述べるように、特定の個人の利益がある集団的利益の適切な充足無しには存在し得ない、または有意な形で満たされない場合、個人の権利（利益）はある集団的権利（利益）の存在を前提としているとする理論構成は可能である。

最後に、集団は一貫したアイデンティティを持たないという社会学的批判について、この点は一義的に決めることはできないと思われる。ある「国民」集団に属する人びとが共通に持っている考え方、感じ方、行動パターンを「国民文化」「集団的アイデンティティ」と考えると、ホフステードの異文化理解六次元モデルの実証研究でも示されたように、国民文化の一般的差異は明らかに観察される。(14)

次に、より重要と思われる帰結主義的批判を取り上げる。

ヤエル・タミールは、集団的権利とされるものはすべて個人権として正当化されるべきであり、実際にそれは可能であり、（集団に賦与されなければ）保護されないと主張されている権利とは制度上の仕組の欠陥のことであり、初めから権利の言説に訴えることによって正当化すべきではないと主張する(15)。

タミールは、集団的権利を否定する自分の立場への反論を以下の四つに分類して、その正当性を検討している。

第一に、集団的権利は集団的枠組の中でのみ実現できるという反論がある。例えば、民族自決権は、個人の共同体的アイデンティティまたは文化を表現し保持する権利である。タミールは、この権利を個人に賦与することは可能であるとして、その実例として母国から他国に移住した移民の選挙権や法の適正な手続きへの権利等を挙げている。

第二に、ある種の個人的権利は関連する権利を集団に賦与することによって、よりよく保護されるという反論がある。タミールは、この反論を「ある種の個人の利益は、集団的枠組のなかでよりよく追求し得る」という主張と「ある種の個人の利益は、個々の構成員よりも集団に与えられたほうがよりよく満たされる」という主張に分類し、第一の主張は社会契約説そのものであって集団的権利という概念を必要とせず、第二の主張は集団の利益が均一であることを前提としており、集団内の支配的グループが反対派に属する個人を抑圧するリスクを有していることを指摘している。

第三に、ウォルドロンが主張する、[16] 権利の正当化はその権利が促進する利益（good）に依存するから、集団的利益の追求を保護する権利は個人的なものではあり得ないという反論である。タミールは、英語が支配的な言語である孤島において、英語文化に同化することによってより良い生活が送れる見込みがあるラテン系言語を話す少数集団について、英語を母国語とする集団の多数派が少数言語の保存は文化的に価値があるとして、ラテン系言語を話す少数集団の英語文化への同化の意思を抑圧しているという仮想例を挙げて、権利は個々人の内面の価値に照らして正当化すべきであると反論している。

第四に、集団的利益は非排除的であり、権利の保有者が誰か（個人であるのか集団であるのか）は何らの違いを生み出さないという反論がある。タミールは、ある言語を使用するかどうかを自己の意思で決定できる場合と、共同体がそのような決定を行い個人には拒否権がない場合とでは、大きな違いがあると反論している。[17]

タミールは結論として、集団的権利という概念は破棄されるべきであると主張する。以上の通り、タミールが集団的権利の観念に反対する主要な理由は、権利言語を集団的権利に拡充することによって特別な保護を必要とする要求とそうでないものとの区別が曖昧となり、権利言語を弱体化させるという懸念にある。

タミールの議論が説得的でないと私が感じる点は、タミールの理論は成熟した国民国家体制が確立している西洋にはかなりの程度当てはまるかも知れないが、例えば複数の民族が正統な政府の立場を争っていたり、国内の少数民族が独立をめざしているような、今日の世界では広くみられる現象に対する説明能力に欠けるように思われる点である。

日本においても、例えば沖縄県が日本から独立する選択肢を検討するケースを想定したとき、関係者が琉球民族の民族自決権を道徳的な集団的権利、すなわち集団的人権として想定することはまったく自然である。

国際法上の確立した国家承認の手続きを終えるまで法的には独立国家として承認されないとしても、潜在的に独立を志向する地域が自らは民族的自決権を持っていると想定しなければ、独立運動は起きようがない。

この場合に民族文化を維持・発展させる権利を個人のみを対象とする、あるいは個人に賦与されたものとのみ考えることはできないであろう。

但し、集団的権利の承認が、特定集団内における少数派の抑圧につながる可能性があるとするタミールの懸念は十分に理解できる。したがって、集団的権利の議論はこの点を踏まえたものでなければならないという点については私も同意する。

次節では、タミールの批判を考慮した集団的人権（道徳的権利としての集団的権利）の構想について検討する。

第3節　集団的アイデンティティに対する集団的人権

ドワイト・ニューマンは、すべての構成員が入れ替わっても変化しない当該集団の主要な特質が存在し、かつ構成員がその特質を自らの個人的アイデンティティの不可欠の一部として認識しているような個人の集合を「集団（collectivity）」と定義した上で、「権利利益説」に基づいて、特定の個人の利益がある集団的利益の適切な充足無しには存在し得ない、または有意な形で満たされない場合、個人の権利（利益）はある集団的権利（利益）の存在を前提としていると言い得ると主張する。[18] ニューマンの議論は、集合・集団的利益（目的）のために個人を犠牲にするような集団ないし集団的利益を一般的に排除しているという意味で、個人の基本権尊重を前提とした集団的権利論であると評価し得る。

私は、集団的権利に関するニューマンの理論的枠組を援用して、集団的アイデンティティに対する集団的人権（道徳的権利）が存在することの論証を試みた。[19]

すなわち、アイデンティティとは、個人の人生、すなわち生と死に意味と価値を与える主要な語り（narrative）である。チャールズ・テイラーによれば、人間の生の不可欠な特質は、それが基本的に対話的（dialogical）性格を持っているということである。人間が自分自身を理解し、完全な人間性を実現し、自らのアイデンティティを確立するのは表現手段としての言語を通じてである。

テイラーは、単なる発話行為だけではなく、アートやジェスチャーも表現手段としての言語に含めた上で、人間はこれらの言語を通じて他者と関わり合う（interact）ことによって自己のアイデンティティを確立するのであるとして、人間のアイデンティティは対話的性質を持つことを強調する。[20]対話は他者を前提としているという意味で、本来的に集団的なものである。

したがって、アイデンティティにも個人的次元と集団的次元があると考えることができる。実際に、日本人であること、特定の性的志向性を有する等の集団的アイデンティティは、その集団の構成員がすべて入れ替わったとしても変わることのない、そして構成員の個人的次元でのアイデンティティにとって不可欠の特質を有しており、明らかにニューマンが提示する集団的利益（権利）の要件を満たしている。

そこで、ニューマンの定義する集団的アイデンティティの担い手として、将来世代を考え得るか検討してみる。私はそのために、和辻哲郎の議論を援用する。和辻は、「個人」の発見を近代（ヨーロッパ）精神の功績であり、重大な意義を有していることを認めつつ、「人間存在の一つの契機に過ぎない個人を取って人間全体に代わらせようとした」点に誤謬があるとして、実践的行為的連関における人間を、時間的かつ空間的な構造の中の共同的存在として把握しようと努めた。和辻は、人間（主体）の行為は、主体の間の働き合いであり、必ず既存の人間関係を背負いつつ可能的な人間関係の方向へと働くものであると分析している。[21]

和辻の議論を踏まえつつ、現在世代の人間が自らのアイデンティティを形成するプロセスを観察すると、そこには明らかに過去世代と将来世代との働き合いと呼び得る現象が存在する。例えば、カナダのケベック州においてフランス語が公用語として保護されるのは、将来にわたってケベックではフランス語がその集団的アイデンティティの不可欠の要素として維持されることが望ましいという、これまでに継承されてきた過去世代の価値判断に基づく将来世代への期待の反映である。その結果、ケベック州の将来世代は特定の集団的アイデンティティを持つことが予測される。同時に、そのような予測が、ケベック州の現在世代に、英語圏であるカナダの中で異なった言語を公用語とすることに伴う不利益を甘受させる意欲の源泉ともなっているのだ。つまり、フランス語を中心としたケベック文化という現在世代の集団的アイデンティティは、過去世代との共同制作物であると同時に、将来世代が同様な文化を継承することへの期待が土台となっているということである。過去世代と将来世代は、現在世代のかけがえのない「時間的かつ空間的な構造の中の共同的存在」として、集団的アイデンティティの不可欠の担い手であると言える。すると、現時点で存在していない将来世代においても、「理念としての人権」の規範要求として「現在世代の普遍的ニーズである集団的アイデンティティを保持するために必要な、言語の保存に不可欠な主体である将来世代を十分に考慮するように求め、その言語政策の可謬性を将来世代の視点から検証する」ことを要求する抽象的権利は有すると言えるように思われる。

マルカス・ドゥエルは、「尊厳」を人権の根拠とする立場から、人間の尊厳の尊重は人間の自己統治（self-governance）に必要な条件の尊重を意味すると主張し、我々が将来世代は存在する（誕生する）と想定する以上、将来世代は同様な条件を要求する権利を有し、現在世代は将来世代の尊厳を尊重し得るような行動をとることを義務づけられると主張する。[22]

今日の世界では、過去の世代の尊い努力の成果として、人類社会のすべての構成員に固有の尊厳と平等で譲ることのできない権利を承認し、自己及び家族の健康及び福祉に十分な生活水準を保持する権利を保障することは、普遍的なニーズとして認められている。[23] 換言すれば、現在世代は基本的な権利と自由がすべての個人に保障される文化、人権文化を尊重するという集団的アイデンティティを、過去世代および将来世代との共同の企てとして今後も維持したいと基本的に望んでいると考えて差し支えない。[24] これを「人権文化」とおおまかに定義するとすれば、今後も人間の特質が上記の通り変わらないとすれば、将来世代においてもこの「人権文化」が必要とされ、尊重されるであろうと推定される。将来世代の自発的意思による文化的可塑性も、人間の基本的特質によって規定された「人権文化」の範囲内でのみ可能であると言えるように思われる。

つまり、現在世代は、「世界人権宣言」や国際人権条約等に規定されている人権文化という集団的アイデンティティの存続のために必要な措置を講ずる責任を、将来世代の「理念としての人権」に対する集団的対応義務として負っているということである。

ここまでの議論が正しいとすれば、現在世代は将来世代の「理念としての人権」に対する対応義務として、将来世代に「安全で健康的な環境」を保障する義務を有していると主張することができるであろう。

以上の議論は、近年急速に発展しつつある国際人権レジーム（人権に関する国際条約・宣言とその実効的保障メカニズムの総体）を対象とする人権の哲学的根拠の研究を主導する、アレン・ブキャナンの「最小限人権論」とも整合的である。ブキャナンは、文化的宗教的差異を越えて合意し得る人間の基本的利益として「人間の最小限の尊厳ある生」を提示し、この基本的利益を保障するために必要な権利を基本的人権として定義している。なお、ブキャナンは基本的人権のリストは、哲学的探究のみではなく、例えば女性や難民、子どもが置かれた政治的社会的特殊事情を踏まえた実証的検討を通じて確定できると主張している。(25)

人権文化を人類の共通の集団的な文化的アイデンティティの核心的要素として承認し、かつ人権文化が「世界人権宣言」をはじめとする世界人権レジームに象徴される、人類の一人称のコミットメントを伴った真正のものであるとすれば、人権文化という集団的アイデンティティを保護する道徳的な集団的権利としての集団的人権の存在は、正当なものとして容認し得ると思われる。

この提案に対して想定し得る反論としては、どのようなものがあり得るだろうか。

宇佐美は、従来の将来世代の権利論を、原理基底的理論と自我基底的理論、および将来世代と現在世代の関係に着目する二項関係理論、過去世代も考慮の対象とする三項関係理論、世代間関係に定位しない非関係理論という二つの基準に基づき、以下の六種類に分類する（実際には非関係理論かつ自我基底的理論であるような理論は存在しないと思われるので五種類）(26)。原理基底的理論は何らかの非人格的原理に立脚するもの、自我基底的理論は心理的傾向を根拠としたり、特定の自我観を基盤とするものである。

（1）原理基底的理論＋二項関係理論　↓　権利説、功利説
（2）原理基底的理論＋三項関係理論　↓　報恩説、継承説
（3）原理基底的理論＋無関係理論　↓　契約説
（4）自我基底的理論＋二項関係理論　↓　共同体説、自己超越説、情愛説
（5）自我基底的理論＋三項関係理論　↓　新継承説

宇佐美の分類にしたがうと、私の構想は（5）三項関係理論と自我基底的理論に分類される「新継承説」にもっとも近い。新継承説とは、ジョン・オニールによって提唱されているもので、宇佐美によると、人間の幸福を客観的な善の集合として捉え、将来世代や生態系による善が現在世代の幸福を構成し、現在世代は過去世代の達成物を高く評価し拡張する責務を、過去世代と自世代の人々に対して負い、将来世代の責務とは、この過去世代・現在世代への責務であるとする考え方である。

宇佐美は、このオニール説に対して、第一に何が善いものなのかという判断が後世に決まるとすると、将来の価値体系によって評価が変化するわけで、永久に評価は確定し得ないのではないか、第二に評価が大きく分かれるような対象についても評価は定まらないのではないか、第三に一国内での評価と他国での評価が相反するような対象についても評価は定まらないのではないか、という疑問を提示し、さらに過去世代の偉業を高く評価することは現在世代に過去の基本思考・

生活様式・社会制度を維持させる方向に働き、例えば大量生産・大量消費型の制度からの脱却を困難にする可能性が高いと批判している。

私は、「理念としての人権」が前提としている、（1）（支援を必要とする人々への特別な配慮を含む）すべての人間が平等な尊重と配慮に値する存在であるという人間観、（2）国家・共同体は社会的存在である一人ひとりの人間が「善き生」を生きるために存在するのだという社会観は、確かに工業化、都市化、国際化という「近代化」を経た社会に特有な、そしてホロコーストを体験した過去世代によって形成された歴史特殊な人間観、社会観であるが、人類の基本的特質が変わらず、地球環境の有限性という条件が変わらない限り、人類が持ち続ける集団的アイデンティティの基盤的人間観、社会観であり続けると仮定することが許されるように思われる。

さらに、私の「人権文化」論は、特定の善の構想には依拠していない。

この点はきわめて重要なので敷衍すると、私は、人間は自発性と目的志向性をもった行為者であり、そのために一定の自由と福利を必要とし、そこから他者にも同じ自由と福利を享受する権利を承認しなければならないというゲワースの議論を、弁証法的に必然的な論理（方法）に基づいて導出されたものと考えており、そこから前述の（1）（2）が導かれると考えている。

確かに、奴隷状態に置かれた人間が自らを幸福であると感じるように洗脳することは可能かも知れない。その結果、極端な不平等を容認し、特定の個人・集団の利益にのみ奉仕する社会が生み出されるかも知れない。

しかし、そのような社会にも一定の正当性を容認する政治理論は、ロールズの『万民の法』が示すように、ある人びとの基本的な自由と福利を切り詰めることに同意することになると私は考える。

これまでの人類の歴史を振り返ったとき、そのような事態が善いものと判断される可能性はほとんどない。つまり、基本的自由とその行使のために必要な最低限の条件を保障する「道徳的権利としての人権」の存在とそのような権利の制定・運用・解釈について不断の反省を促す「理念としての人権」は、人類の歴史と経験という文脈によってその正当性を承認されていると私は考えている。

したがって、宇佐美が主張するような、時間的および空間的な価値相対主義的事態を容認することはあり得ない。

また、原子力発電のように科学的・倫理的評価が大きく分かれる問題についても、理性的かつ民主的議論は可能である[27]。但し、そのような議論が可能であるためには、ロールズが主張し、また井上達夫が黙示的に承認しているように、市民が「正義感覚」を涵養し続けることが必要である[28]。

第4節　理念としての将来世代の集団的人権

将来世代は現時点では存在しないので、実定法上の権利の請求者になることは考えられないから、将来世代が保有すると考えられる人権は「理念としての人権」以外にはあり得ない。したがって、その規範要求は理念次元に限定される。

一方、現在世代の人間が自らのアイデンティティを形成するプロセスを観察すると、そこには明らかに過去世代と将来世代との働き合いと呼び得る現象が不可欠の前提として存在している。

さらに、今日の世界では、過去の世代の尊い努力の成果として、人類社会のすべての構成員に固有の尊厳と平等で譲ることのできない権利を承認し、自己及び家族の健康及び福祉に十分な生活水準を保持する権利を保障することは、普遍的なニーズとして認められている。これは人類の集団的アイデンティティの核心であり、これを「人権文化」と呼ぶとすると、「人権文化」は人類の集団的権利が対象とする超世代的利益であると言える。

したがって、現在世代は、「人権文化」という人類の核心的集団的アイデンティティという超世代的利益を対象とした、集団的人権の保障義務を担っていると結論づけることができるであろう。

注

（1）森村進「未来世代への道徳的義務の性質」鈴村興太郎編『世代間衡平性の論理と倫理』（東洋経済新報社、二〇〇六年）、二八五―二八六頁。

（2）宇佐美誠「将来世代への配慮」『環境問題の法哲学（日本法哲学会年報、1995）』（有斐閣、一九九五年）、一四三―一四四頁。

（3） Herbert Lionel Adolphus Hart, *Legal Rights, Essays on Bentham - Jurisprudence and Political Theory*, Clarendon Press, 1982, pp. 162-193.（邦訳） 小林公・森村進訳「法的権利」『権利・功利・自由』第四章（木鐸社、二〇〇四年）、九九—一四六頁。

（4） H. L. A. Hart, *The Concept of Law* 3rd edition, pp. 193-200 および長谷部恭男訳『法の概念』第三版、三〇二—三一一頁。

（5） 吉良貴之「世代間正義と将来世代の権利論」愛敬浩二編『人権の主体』（法律文化社、二〇一〇年）、六六頁。 Hans Yonas, *Das Prinzip Verantuortung*, Frankfut am Main, 1979.（加藤尚武監訳『責任という原理』東信堂、二〇〇〇年）

（6） 吉良貴之「世代間正義と将来世代の権利論」、六八—六九頁。 Richard P. Hiskes, *The Human Right to a Green Future*, Cambridge University Press, 2009.

（7） 吉良貴之「世代間正義と将来世代の権利論」、五三—七二頁。

（8） 芦部信喜著、高橋和之補訂『憲法』第五版（岩波書店、二〇一一年）、三九頁。

（9） Vernon Van Dyke, Human Rights and the Rights of Groups, *American Journal of Political Science*, Vol. 18, No. 4 (Nov., 1974).

（10） Stephen Hall, The Persistent Spectre: Natural Law, International Order and the Limits of Legal Posotivism, European Journal of International Law, Vol. 12, No. 2, 2001, pp. 269-307.

（11） 浦山聖子「民族文化的少数者の権利」愛敬浩二編『人権の主体』第一〇章（法律文化社、二〇一〇年）、二〇一頁）。

（12） 'The United Nations Declaration of the Rights of Indigenous People'. GA Res61/295 UN Doc A/RES/47/1 (2007).

（13） 瀧川裕英・宇佐美誠・大屋雅裕『法哲学』（有斐閣、二〇一四年）、一五三—一五四頁。

（14） Geert Hofstede, Gert Jan Hofstede, Michael Minkov, *Cultures and Organizations: Software of the Mind*, Third Edition, McGraw-Hill Education, 2010.

(15) Yael (Yuli) Tamir, Against Collective Rights, in Likas H. Meyer, Stanley L. Paulson & Thomas W. Pogge eds., *Rights, Culture, and the Law*, Oxford University Press, 2003, 183-204.

(16) Jeremy Waldron, Can Communal Good be Human Rights?, *Liberal Rights - Collected Papers 1981-1991*, Cambridge University Press, 1993, pp. 339-369.

(17) Yael (Yuli) Tamir, Against Collective Rights, pp. 198-203.

(18) Dwight Newman, *Community and Collective Rights, A theoretical Framework for Rights Held by Groups*, Oxford and Portland, Oregon: Hart Publishing, 2011, pp. 4-5, pp. 76-77.

(19) 詳細は Akihiko Morita, Collective Human Right to Collective Identity, in Paul Tiedemann ed., *Right to Identity* (ARSP-Beihefte, volume 147) (Franz Steiner Verlag, Jan. 2016).

(20) Charles Taylor, *Multiculturalism and "The Politics of Recognition"*, Princeton University Press, 1992, pp. 32-37. 佐々木毅他訳『マルチカルチュラリズム』（岩波書店、二〇〇二年）、四七頁。

(21) 和辻哲郎『倫理学（一）』（岩波文庫、二〇〇七年）、三五四頁。

(22) Marcus Düwell, Human dignity and intergenerational human rights, in Gerhard Bos and Marcus Düwell eds., *Human Rights and Sustainablity*, Routledge, 2016, 69-81.

(23) 「世界人権宣言」前文および第二五条一項。

(24) すべての人が同等の配慮と尊重を受ける権利を認める道徳が、真の道徳としての特別な地位を有するという議論については、以下を参照。なお、人権は実定法上の規則（ルール）と解釈上参照されるべき原理とに分類され得ると考えられるが、本報告で言及している「すべての人が同等の配慮と尊重を受ける権利」は原理に分類されるべきものである。ちなみに、ドゥオーキンによると、規則（ルール）とは、「有料高速道路で法的に承認された最高速度は、時速六〇マイルである」というような全か無かという形で適用される基準であるのに対して、原理は「いかなる者も、自らの不正によって利益を得てはならない」という一般原則のように、特定の事例に関する法的判断（主に裁判所の判決）において最善の解釈を可能とするために援用される規定である。但し、言及される文脈によって、同一の規定が規則として理解されたり、原理として理解されることはあり得る。H. L. A. Hart, *The Concept of Law* 3rd edition, Oxford University Press, 2012（長谷部恭男訳『法の概念』第三版、筑摩書房、二〇一四年）、Ronald Dworkin, *Taking Rights Seriously*, Harvard University Press, 2010（木下毅・小林公・野坂泰司訳『権利論〔増補版〕』（木鐸社、二〇〇九年）および小林公訳『権利論Ⅱ』（木鐸社、二〇一二年）。

(25) Allen Buchanan, *Human Rights, Legitimacy, & the Use of Force*, Oxford University Press, 2010, pp. 71-102. また、アレン・ブキャナンの人権論に対する評価については、井上達夫『世界正義論』第三章「国家体制の国際的正当性条件――人権と主権の再統合」（筑摩選書、二〇一二年）を参照。

(26) 宇佐美誠「将来世代・自我・共同体」『経済研究』第五五巻第一号（二〇〇四年）。

(27) 私も報告者の一人として参加した、第三一回中日工程技術研討会（シンポジウム）能源政策産業人文組（エネルギー産業政策人文分科会）（二〇一五年一二月二日、台湾）では、台湾電力会社の社員が氏名と所属を明らかにしたうえで、自分は原子力発電廃止を支持すると明言していた。原子力発電を巡る開かれた公共的対話は東アジアでも可能である。拙論「福島原発事故の教訓――安全神話からの脱却と公共的対話の必要性」『福島事故後台日エネルギー政策の変換と原子力安全協力』（国立台湾大学出版センター、二〇一七年五月）。

(28) J. Rawls, *A theory of justice*, revised edition, pp. xii-xiii. 川本他訳『正義論』改訂版、xiii-xiv頁、第一章注(23)。大江洋は井上達夫の正義の人間学的根拠が「正義感覚」であると分析し、それがいかなる人間像であるのか、またその陶冶手法の検討を今後の課題として挙げている。大江洋「正義に基づく『自由論』」瀧川裕英・宇佐美誠・大屋雅裕『法哲学』（有斐閣、二〇一四年）、一一三―一一七頁。

おわりに

「四つの自由」と人権

私が二〇一六年から二〇一七年にかけて一年ほど暮らした米国ニューヨーク市のルーズベルトアイランドは長さ三・二キロ、幅は広いところで二四〇メートルという小さな島で、マンハッタンからは地下鉄で一駅、トラムと呼ばれるケーブルカーで二分ほどの緑の多い穏やかな住宅街で、一万人を超えるさまざまな国出身のさまざまな言葉を話す人々が住んでいる。私のアパートでも英語はもちろん、中国語、韓国語、スペイン語、フランス語、タイ語、日本語など世界各国の言葉が飛び交っており、私の部屋から見渡せるサッカーグラウンドでは朝から夜遅くまで老若男女がサッカーの練習や試合を楽しんでいる。

この島に住む若い母親が年末に出産した障害を持った赤ちゃんが、懸命な治療の甲斐もなく春先に亡くなったときには、治療代と葬式代を募るネット募金に対して何百人という人が協力をして、あっという間に目標額を達成した。

多言語・多文化共生コミュニティのルーズベルトアイランドの南端に「四つの自由公園（four freedoms park）」がある。

第三二代米国大統領のフランクリン・ルーズベルトが一九四一年一月六日の一般教書で発表した、（1）表現の自由、（2）信仰の自由、（3）欠乏からの自由、（4）恐怖からの自由、という四つの自由にちなんで二〇一二年に開設された記念公園である。

「四つの自由スピーチ」として知られるこの演説は、第一次世界大戦後孤立主義に回帰していた米国において、当時枢軸国と呼ばれた日独伊に対する軍事行動への米国の参加への支持を国民に訴え、戦後の世界秩序の原則を提示したものとされている。

一九四八年に国連総会で採択された「世界人権宣言」は、この四つの自由に基づいている。

周知のとおり、「人権」は第二次世界大戦の惨禍、特にホロコーストの悲劇を契機として、各国の国内管轄事項から、国際的に保障されるべき対象と考えられるようになった(1)。

「人類社会のすべての構成員に固有の尊厳と平等で譲り渡すことのできない権利が認められることが、世界における自由と正義、そして平和の基礎である」ことを基本理念とする「世界人権宣言」が採択された後、人権は「経済的、社会的及び文化的権利に関する国際規約」と「市民的及び政治的権利に関する国際規約」及びその選択議定書（一九六六年採択）、「人種差別撤廃条約」（一九六五年）、「女子差別撤廃条約」（一九七九年採択）、「子どもの権利条約」（一九八九年採択）などの国

際人権条約を通じて、その具体的内容と対象を拡大してきた。(2)

「国際人権レジーム」の発展

私は、一九九六年からこれまで二〇年間にわたって子どもの権利活動を通じて、この人権の実現を目指すさまざまな国際キャンペーンに参画し、教育啓発活動にも取り組んできた。

この二〇年間にも「国際人権レジーム」(3)は大きく発展した。

第一に、一九九八年七月一七日に国連全権外交使節会議において採択された国際刑事裁判所ローマ規定に基づき、二〇〇三年三月一一日オランダのハーグに国際刑事裁判所（International Criminal Court）が設置され、国際人道法に対する重大な違反を犯した個人の刑事責任を問うことができるようになった。(4)

第二に、国連経済社会理事会の中の一機能委員会に過ぎなかった国連人権委員会（UN Commission on Human Rights）が改組・発展され、二〇〇六年六月に国連総会の補助機関として国連人権理事会（UN Human Rights Council）が誕生した。

第三に、二〇〇七年九月一三日に先住民族の権利に関する国連宣言が採択された。

第四に、二〇一一年には「ビジネスと人権に関する指導原則」が国連において全会一致で承認され、二〇一四年六月二六日（第二六回国連人権理事会）には、多国籍企業およびその他の企業の活動を規制する国際的な法的拘束力のある文書を作成することを目的とするオープンエンドな政

府間作業部会を設置することを求める決議案（26/9）が採択された。(5)

第五に、二〇一五年九月の国連サミットで「持続可能な開発のための２０３０アジェンダ（２０３０アジェンダ）」が採択され、同年一二月にフランスのパリで開催された国連気候変動枠組条約第二一回締約国会議（ＣＯＰ21）で地球温暖化問題への取り組みのための新たな枠組を提示する新国際条約「パリ協定（the Paris Agreement）」が採択された。同協定前文は気候変動が人類共通の関心事であり、締約国は気候変動に対処するための行動をとる際には人権を尊重、促進、考慮すべきことを明記した。(6)

地域的な人権保障にも大きな進展が見られた。

一九九八年には、欧州人権裁判所（一九五九年設置）が常設組織となった。

二〇〇九年に東南アジア諸国連合（ＡＳＥＡＮ）が「人権に関するＡＳＥＡＮ政府間委員会（ASEAN Intergovernmental Commission on Human Rights＝ＡＳＥＡＮ人権委員会［ＡＩＣＨＲ］）」および「女性と子どもの権利の促進と保護のためのＡＳＥＡＮ委員会（ASEAN Commission for the Promotion and Protection of the Rights of Women and Children＝ＡＳＥＡＮ女性と子どもの権利委員会［ＡＣＷＣ］）」を創設した。

子どもの権利に関しても、二〇〇〇年一一月には特に女性と子どもの人身取引を防止、抑止、処罰することを明記した「国際組織犯罪防止条約を補完する人身売買禁止議定書（パレルモ議定書）」が国連で採択され、二〇一一年一二月一九日には子どもないしその代理者が国連・子どもの権利委員会に対して救済申立（個人通報）を行う権利を創設する子どもの権利条約新議定書（通報手続に関する子どもの権利に関する条約の選択議定書）が国連総会で採択され、二〇一四年四月一四日には国際的に発効した。

二一世紀における人権を巡る課題

しかし一方で、二一世紀が米国に対する同時多発テロをもって始まったことも忘れることはできない。二〇〇一年九月一一日のアル・カイーダによるワールドトレードセンターおよびペンタゴンに対するハイジャックした旅客機による自爆テロによって、三〇〇〇人以上の人命が失われた。その中にはイスラム教徒も含まれていた。その後、世界は「アラブの春」をはさんで、ＩＳＩＬによる非人道的行為やシリア難民の受け入れ問題という深刻な人権問題に直面するようになった。

国際人道法は、もともと国際武力紛争における交戦国や交戦者の権利・義務、戦争犠牲者・非戦闘員の保護等について定めたものだが、近年テロリスト集団などが当事者となる非国際武力紛争が増加するに伴い、非国家主体に対する国際人道法の履行を如何に確保するか、非戦闘員をどのように同定するかなど、新たな課題が生まれている。

また、近年急激に増加している内国避難民および非合法移民、難民キャンプ長期滞在者など移動する人びとの人権保障を巡って、従来受入国の専管事項とされてきた非自国民に対する入国の許諾や庇護希望者の扱い、さらに移民・難民の表現の自由や参加の権利を如何に実効的に保障するかなど、新たな人権問題が生まれている。

米国でもＬＧＢＴに対する有形・無形の差別はいまだに解消されていない。多言語・多文化共生コミュニティとして、多様な存在に対してきわめて寛容なルーズベルトアイランドでも、公務員によるＬＧＢＴに対する差別的扱いが発覚し、人権派の市会議員が事情聴取に乗り出すという事態も起きている。

二〇一六年一二月には、米国の先住民族であるスー族が暮らすスタンディングロック居留地近くにあるミズーリ川を汚染する惧れのある、石油パイプライン「ダコタ・アクセス・パイプライン」の建設に対する反対運動が全国的規模で展開された。結果的にパイプライン建設計画は変更されることとなったが、人権と民主主義を建国の理念に掲げる米国でも人権問題は山積みである。

日本でも琉球民族やアイヌ民族の少数民族としての認知や彼らの集団的権利保障を巡る問題、さらに福島原発事故によって生み出された解決不可能な構造的差別問題など、私達がきちんと向き合わなければならない人権の課題リストは長大である。

＊　＊　＊

本書は、二〇年前に「ひとはあるがままで尊重される価値がある」という人権の思想に巡り会って以来その思想をずっと人生の指標としてきた人間として、そもそも「人権」とは何なのだろうか、という素朴な疑問に対して書き上げた自分なりの解答である。

私が二〇一六年春より一年間の在外研究生活を送った米国ニューヨーク市のコロンビア大学人権研究所（Institute for the Study of Human Rights: ISHR）には世界各地からさまざまな人権活動家が集まってきていた。日本とは比べものにならないほど過酷な状況下で、時には社会的地位や生命を失うリスクを冒してまで、なぜ彼らは「人権」の実現に自らの人生を賭けるのだろうか。

自分には、彼らが熱く語る「人権」と実定法上の「権利」が同じものとはとても思われなかった。「人権」には「理念としての人権」と個別・具体的な「道徳的権利としての人権」があるという私の考えはここから生まれたものである。

また、日本を拠点に二〇年間にわたり「人権」に関わってきた者として、「人権」というコトバに対して日本社会が示す「違和感」「距離感」はたいへんなチャレンジであると同時に尽きぬ興味の源泉でもあった。

西洋近代社会において生成した「人権」という規範概念を非西洋社会で定着させるには、それぞれの社会固有の「人権」の正当化根拠・基層哲学を生み出す必要があるという私の基本的考えは、日本社会との格闘の中で生まれたものである。

本書に採録した論文の初出は以下の通り。

第三章：「人権の日本的な基礎づけ理論に関する若干の考察」『人権教育研究』第12巻（二〇一二年八月）。

第三章第4節：「グローバル化する世界において大学教育に求められていること——グローバル人材としての賀川豊彦から学ぶ」報告書『グローバル社会における国際理解力の育成に関する研究』（尚絅学院大学、二〇一五年四月）。

第四章：「人権の日本的基層哲学に関する予備的考察——「義理と人情」を手掛かりに」『人権教育研究』第13巻（二〇一三年五月）。A neo-communitarian approach on human rights as a cosmopolitan imperative in East Asia, *Filosofia Unisinos*, 13 (3), Sep/Dec 2012 (Dec, 2012). Difference in the Conceptions of Self as subject of human rights between the West and Japan - Can Confucian Self be strong enough to exercise the positive liberty in the authoritarian society? in Thomas Bustamante and Oche Onazi eds., *Rights, Language and Law* (ARSP-Beihefte, volume 131) (Franz Steiner Verlag, March 2012).

第五章：「福島原発事故の教訓——安全神話からの脱却と公共的対話の必要性」第1節『福島事故後台日エネルギー政策の変換と原子力安全協力』（国立台湾大学出版センター、二〇一七年五月）およびCollective Human Right to Collective Identity in Paul Tiedemann ed., *Right to Identity* (ARSP-Beihefte, volume 147) (Franz Steiner Verlag, Jan. 2016).

本書を刊行するにあたっては、恩師である古賀勝次郎先生（早稲田大学）、エルサ・スタマトポロ（Elsa Stamatopoulou）先生（コロンビア大学）をはじめ多くの皆さまにさまざまな形でご教示、ご鞭撻を賜った。この機会に心より感謝申し上げたい。

最後に、本書の出版を引き受けてくださった藤原書店の藤原良雄社主、刈屋琢氏に対して改めて謝意を表したい。

森田明彦

注

（1）横田耕一「人権の国際的保障をめぐる理論問題」『人権理論の新展開』（敬文堂、一九九四年）。

（2）阿部浩己・今井直・藤本俊明『国際人権法』第三版（日本評論社、二〇〇九年）。

（3）「地域的・国際人権条約や宣言によって確立してきた人権規範とその実効的履行を確保するために設けられた国家を含む複数のアクターが参画する多元的・多層的なシステム」。本書が「国際人権レジーム」という用語を採用したことについては、「はじめに」末尾で解説を加えている。

（4）一般的には、交戦法規（ハーグ陸戦条約）と中立法規（ジュネーブ条約）の両者を合わせて国際人道法と呼ぶが、本論文では戦時、平時を問わず、人間の尊厳と権利を保障する国際法規範を国際人権とするという広義の立場から、国際人道法も国際人権の枠組に含まれるという立場をとった。

（5）A/HRC/RES/26/9. Elaboration of an international legally binding instrument on transnational corporations and other business enterprises with respect to human rights < https://documents-dds-ny.un.org/doc/UNDOC/GEN/G14/082/52/PDF/G1408252.pdf?OpenElement >（二〇一七年一月一六日最終確認）。

（6）A/HRC/32/L.34, June 2016.

参考文献

碧海純一『新版法哲学概論』全訂第二版（弘文堂、一九七三年）
青木人志『「大岡裁き」の法意識――西洋法と日本人』（光文社新書、二〇〇七年）
芦部信喜、高橋和之補訂『憲法』第五版（岩波書店、二〇一一年）
東洋『日本人のしつけと教育』（東京大学出版、二〇〇二年）
阿部浩己・今井直・藤本俊明『国際人権法』第三版（日本評論社、二〇〇九年）
アリストレテス、高木三郎訳『ニコマコス倫理学』（上）（岩波文庫、二〇一〇年〔第五六刷〕）（初刷は一九七一年）
安藤馨「『規範と法命題』――行方を訊ねて」瀧川裕英他編著『逞しきリベラリストとその批判者たち』（ナカニシヤ出版、二〇一五年）
飯島昇藏「レオ・シュトラウスのNatural Right and Historyの邦訳のタイトルについての覚え書き」『武蔵野大学政治学研究所年報』第九号（二〇一四年）
マイケル・イグナティエフ著、添谷育志・高橋和・中山俊宏訳『ヴァーチャル・ウォー』日本語序文（風行社、二〇〇三年）
磯部忠正『日本人の宗教心』（春秋社、一九九七年）
井上彰「ドゥオーキンは平等主義者か？」宇佐美誠・濱真一郎『ドゥオーキン――法哲学と政治哲学』

（勁草書房、二〇一一年）
井上厚志「中江兆民と儒教思想――「自由権」の解釈をめぐって」『北東アジア研究』第一四・一五合併号（島根県立大学北東アジア地域研究センター、二〇〇八年三月）
井上達夫「規範と法命題」（一）（二）（三）（四）『國家學會雜誌』九八―一〇〇巻（一九八五―一九八七年）
井上達夫『法という企て』（東京大学出版会、二〇〇三年）
井上達夫「はしがき――人権論の再構築のために」井上達夫編『人権論の再構築』（法律文化社、二〇一〇年）
井上達夫『世界正義論』（筑摩書房、二〇一二年）
今道友信『東西の哲学』（ＴＢＳブリタニカ、一九八一年）
宇佐美誠「将来世代への配慮」『環境問題の法哲学（日本法哲学会年報、1995）』（有斐閣、一九九五年）
宇佐美誠「将来世代・自我・共同体」『経済研究』第五五巻第一号（二〇〇四年）
浦山聖子「民族文化的少数者の権利」愛敬浩二編『人権の主体』第一〇章（法律文化社、二〇一〇年）
ＮＨＫ放送文化研究所『現代日本人の意識構造［第六版］』（日本放送出版協会、二〇〇五年）
ＮＨＫ放送文化研究所『現代日本人の意識構造［第七版］』（日本放送出版協会、二〇一〇年）
ＮＨＫ放送文化研究所『現代日本人の意識構造［第八版］』（日本放送出版協会、二〇一五年）
大木雅夫『日本人の法観念』（東京大学出版会、一九九六年）（初版：一九八三年）
太田勝造・岡田幸宏「紛争に対する態度の日米中3カ国比較」河合隼雄・加藤雅信編著『人間の心と法』第四章（有斐閣、二〇〇三年）
小熊英二『1968』上・下（新曜社、二〇〇九年）

小倉和夫『吉田茂の自問――敗戦、そして報告書「日本外交の過誤」』（藤原書店、二〇〇三年）
賀川豊彦『空中征服――賀川豊彦、大阪市長になる』（不二出版、二〇〇九年）（初出：改造社、一九二二年）
賀川豊彦「空の鳥に養われて――不尽油壺より」『賀川豊彦全集22』（キリスト新聞社、一九六四年）
賀川豊彦「東洋思想の再吟味」『賀川豊彦全集13』（キリスト新聞社、一九八二年）
賀川豊彦「空の鳥に養われて――不尽油壺より」『賀川豊彦全集22』（キリスト新聞社、一九六四年）
角田猛、ヴェルナー・メンスキー、森正美、石田慎一郎編『法文化の展開――法主体論のダイナミクス』（信山社、二〇一五年）
勝間靖「国際人権レジーム」齋藤純一編『人権の実現』第一〇章（法律文化社、二〇一一年）
勝俣鎮夫『一揆』（岩波新書、二〇〇八年）
加藤周一、M・ライシュ、R・J・リフトン著、矢島翠訳『日本人の死生観』下巻、（岩波新書、一九七七年）
亀本洋『法哲学』（成文堂、二〇一一年）
ヨハン・ガルトゥング『平和を創る発想術――紛争から和解へ』（岩波書店、二〇〇五年）
川島武宜「義理」『思想』昭和二九年九月号（岩波書店、一九四九年）
吉良貴之「世代間正義と将来世代の権利論」愛敬浩二編『人権の主体』（法律文化社、二〇一〇年）
古賀勝次郎『鑑の近代』（春秋社、二〇一四年）
小南浩一『賀川豊彦研究序説』（緑蔭書房、二〇一〇年）
佐々木毅・金泰昌編『欧米における公と私』（公共哲学4）（東京大学出版会、二〇〇二年）
佐藤岳詩「メタ倫理学における「非認知主義」の展開」『実践哲学研究』第三五号（二〇一二年）

佐藤忠男『長谷川伸論』(岩波書店、二〇〇四年)
佐藤忠男「一宿一飯の義理」『長谷川伸全集』付録月報No. 16。山折哲雄『義理と人情』(新潮社、二〇一一年)
佐藤淑子『日本の子どもと自尊心——自己主張をどう育むか』(中公新書、二〇〇九年)
ビクター・S・ジョンストン[著]長谷川眞理子[訳]『人はなぜ感じるのか?』(日経BPセンター、二〇〇一年)
アマルティア・セン著、大石りら訳『貧困の克服』(集英社、二〇〇二年)
瀧川裕英・宇佐美誠・大屋雅裕『法哲学』(有斐閣、二〇一四年)
武田清子『土着と背教』(新教出版社、二〇〇四年)
田中元『敗れし者への共感——古代日本思想における〈悲劇〉の考察』(吉川弘文館、一九七九年)
ジャン・ダバン著、水波朗訳『権利論』(創文社、一九七七年)
田村直臣『児童中心のキリスト教』(大正幼稚園出版部、一九二六年)
ジョン・ダワー、三浦陽一・高杉忠明訳『敗北を抱きしめて』増補版・上巻(岩波書店、二〇〇四年)
永井陽之助『平和の代償』(中央公論社、一九六七年)
中江藤樹「翁問答」伊藤多三郎『中江藤樹 熊沢蕃山』(中央公論社、一九八三年)
中村隆英『日本経済』第三版(東京大学出版会、一九九三年)
中村政則「1950-1960年代の日本」『岩波講座 日本通史』第二〇巻『現代1』(岩波書店、一九九五年)
夏目漱石『私の個人主義』(講談社学術文庫、一九七八年)
長谷川晃「平等・憲法・原理——井上・小泉・早川各論文について」宇佐美誠・濱真一郎編著『ドゥオーキン——法哲学と政治哲学』(勁草書房、二〇一一年)

長谷川昇『博徒と自由民権』（平凡社、一九九五年）
浜田直也『賀川豊彦と孫文』（神戸新聞総合出版センター、二〇一二年）
原道生「虚構としての『義理』」相良亨／尾藤正英／秋山虔編『講座日本思想3 秩序』（東京大学出版会、一九八五年）
兵藤裕己『〈声〉の国民国家』（講談社学術文庫、二〇〇九年）
平石直昭『天』（三省堂、一九九六年）
深田三徳「法とは何か」『現代法理論論争――R・ドゥオーキン対法実証主義』第一章（ミネルヴァ書房、二〇〇四年）
ジェラール・ブシャール、チャールズ・テイラー編、竹中豊／飯笹佐代子／矢頭典枝訳『多文化社会ケベックの挑戦』（明石書店、二〇一一年）
マイケル・フリーデン著、玉木英敏・平井亮輔訳『権利』（昭和堂、一九九二年）
トマス・ジョン・ヘイスティングス「賀川豊彦――科学的な神秘主義者」『モノ学・感覚価値研究（モノ学感覚価値研究会年報）』第八巻（京都大学こころの未来研究センター、二〇一四年）
ルース・ベネディクト、長谷川松治訳『菊と刀』（講談社学術文庫、二〇〇八年）（初版：社会思想研究出版部、一九四八年）
堀米庸三『わが心の歴史』（新潮社、一九七六年）
前島志保「児童観史の中の方定煥」『比較文学・文化論集』一二号（東京大学比較文学・文化研究会、一九九六年）
前田智幸『海と浦安』（市川よみうり新聞社、二〇〇八年）
松浦玲『横井小楠』（ちくま学芸文庫、二〇一〇年）

松本健一『日本のナショナリズム』（筑摩書房、二〇一〇年）
丸山真男「忠誠と反逆」『忠誠と反逆』（ちくま学芸文庫、一九九九年）（初出は一九六〇年、小田切秀雄編『近代日本思想史講座』第六巻（筑摩書房））
丸山真男『日本政治思想史研究』（東京大学出版会、一九九九年）
三上一夫「明治維新、越前・熊本の自由民権運動にみる横井小楠路線」『福井工業大学研究紀要』第二六号（一九九六年）
水林彪『封建制の再編と日本的社会の確立』（山川出版社、一九八七年）
溝口睦子『アマテラスの誕生――古代王権の源流を探る』（岩波新書、二〇〇九年）
源了圓『義理と人情』（中央公論社、一九六九年）
源了圓『義理』（三省堂、一九九六年）
源了圓『横井小楠研究』（藤原書店、二〇一三年）
森嶋通夫『なぜ日本は行き詰まったか』（岩波書店、二〇〇四年）
森田明彦 “Charles Taylor”『社学研論集』第一〇号（早稲田大学大学院社会科学研究科、二〇〇七年）
森田明彦「マイケル・イグナティエフ『許される悪はあるのか?――テロ時代の政治と倫理』（書評論文）『ニューズレター』第九二号（日本カナダ学会、二〇一二年八月）
森田明彦「子どもの権利のパイオニア賀川豊彦」『賀川豊彦研究』第六一号（一般財団法人本所賀川記念館、二〇一四年三月）
森田明彦「福島原発事故の教訓――安全神話からの脱却と公共的対話の必要性」『福島事故後台日エネルギー政策の変換と原子力安全協力』（国立台湾大学出版センター、二〇一七年）
森村進『権利と人格』（創文社、一九九八年）

森村進「未来世代への道徳的義務の性質」鈴村興太郎編『世代間衡平性の論理と倫理』（東洋経済新報社、二〇〇六年）
森山軍治郎『民衆蜂起と祭り――秩父事件と伝統文化』（筑摩書房、一九八一年）
安田三郎「義理について――日本社会ノート（一）」現代社会学会議編『現代社会学』創刊号（講談社、一九七四年）
安田三郎「続・義理について――日本社会論ノート（二）」現代社科学会議編『現代社会学』Vol. 1 No. 2（講談社、一九七四年）
安丸良夫『日本の近代化と民衆思想』（平凡社、一九九九年）
山折哲雄『近代日本人の宗教意識』（岩波現代文庫、二〇〇七年）
山折哲雄『義理と人情』（新潮社、二〇一一年）
山岸俊男『安心社会から信頼社会へ』（中公新書、二〇一〇年）
山崎公士「国内人権機関と個人通報制度」移民政策学会編『移民政策研究』第三号（現代人文社、二〇一一年）
横井小楠「夷虜応接大意」（嘉永六年＝一八五三年）山崎正董編『横井小楠遺稿篇』（日新書院、一九四二年）
横川春一『賀川豊彦伝』（キリスト新聞社、一九五二年）
横田耕一「人権の国際的保障をめぐる理論問題」『人権理論の新展開』（敬文堂、一九九四年）
吉野作造「デモクラシーと基督教」『吉野作造選集Ⅰ』（岩波書店、一九九五年）（初出は一九一九年三月『新人』）
ヨーゼフ・ラッツィンガー「世界を統べているもの――自由な国家における政治以前の道徳的基盤」フロリアン・シューラー編・三島憲一訳『ポスト世俗化時代の哲学と宗教』（岩波書店、二〇〇七年）

李知蓮「義理と東アジア」『国際日本学論叢』第一一号（二〇一四年）
李知蓮「東アジア共生意識の可能性——義理の問題を中心に」法政大学博士学位論文（第五四三号）（二〇一四年三月二四日）
六本佳平『法社会学』（有斐閣、一九九九年）
六本佳平『日本法文化の形成』（放送大学教育振興会、二〇〇六年）
和辻哲郎『倫理学（一）』（岩波文庫、二〇〇七年）
渡辺浩「「おほやけ」と「わたくし」の語義——「公」「私」、“Public”“Private”との比較において」佐々木毅・金泰昌編『公共哲学Ⅰ 公と私の思想史』（東京大学出版会、二〇〇一年）

Alexy, Robert, The Existence of Human Rights, in *Law, Science, Technology: Plenary Lectures Presented at the 25th World Congress of the International Association for Philosophy of Law and Social Philosophy, Frankfurt Am Main*, (Archiv Fur Rechts-Und Sozialphilosophie-Beihefte (Arsp-B)), Franz Steiner Verlag Wiesbaden Gmbh, 2013,
Ayer, Alfred Jules, *Language, Truth and Logic*, Dover Publications, Inc., 1952
—, Verification and Experience, in A. J. Ayer ed., *Logical Positivism*, The Free Press, 1959, pp. 228-243
Benn, S. I., & Peters, R. S., Social Principles and the Democratic State, George Allen & Unwin, 1959
Buchanan, Allen, *Human Rights, Legitimacy, & the Use of Force*, Oxford University Press, 2010
Dreyfus, Hubert L., Taylor's (Anti-) Epistemology, in Ruth Abbey ed., *Charles Taylor*, Cambridge University Press, 2004
Dreyfus, Hubert, & Taylor, Charles, *Retrieving realism*, Harvard University Press, 2015（村田純一監訳、染谷昌義・植村玄輝・宮原克典訳『実在論を立て直す』法政大学出版局、二〇一六年）

Düwell, Marcus, Human dignity and intergenerational human rights, in Gerhard Bos and Marcus Düwell eds., *Human Rights and Sustainablity*, Routledge, 2016

Dworkin, Ronald, *Taking Rights Seriously*, Universal Law Publishing Co. Pvt. Ltd., 2010（木下毅・小林公・野坂泰司訳『権利論』木鐸社、二〇〇九年）

Gewirth, Alan, *The Community of Rights*, The University of Chicago Press, 1996

Gibbard, Allan, *Wise Choices, Apt Feeling - A theory of Normative Judgement*, Oxford University Press, 2002

Haley, John Owen, *The Spirit of Japanese Law*, The University of Georgia Press, 2006

Hall, Stephen, The Persistent Spectre: Natural Law, International Order and the Limits of Legal Posotivism, *European Journal of International Law*, Vol. 12, No. 2, 2001

Hart, H. L. A., *The Concept of Law*, 3rd edition, Oxford University Press, 2012（長谷部恭男訳『法の概念』ちくま学芸文庫、二〇一五年）

―, Legal rights, in *Essays on Bentham - Jurisprudence and Political Theory*, Oxford University Press, 1982. 小林公・森村進訳「法的権利」『権利・功利・自由』（木鐸社、一九九五年）

Hiskes, Richard P., *The Human Right to a Green Future*, Cambridge University Press, 2009

Hofstede, Geert, Hofstede, Gert Jan, Minkov, Michael, *Cultures and Organizations: Software of the Mind*, Third Edition, MaGraw-Hill Education, 2010

Horgan, Terry, and Timmons, Mark, Expressivism, Yes! Relativism, No! in Russ Shafer-Landau ed., *Oxford Studies in Metaethics*, Oxford: Oxford University Press, 2006, pp. 73-98

―, Cognitivist Expressivism in T. Horgan & M. Timmons eds., *Metaethics After Moore*, Oxford: Oxford University Press, 2006, pp. 255-298

Ignatieff, Michael, *A Just Measure of Pain*, Penguin Books, 1978

―, *The Lesser Evil*, Princeton University Press, 2004（添谷育志・金田耕一訳『許される悪はあるのか？――テロ時代の政治と倫理』風行社、二〇一一年）

Ignatieff, Michael, Gutmann, Amy, eds., *Human Rights as Politics and Idolatry*, Princeton University Press, 2001, pp. 141-158（添谷育志・金田耕一訳『人権の政治学』風行社、二〇〇六年）

Ion, A. Hamish, *The Cross and the Rising Sun: The British Protestant missionary movement in Japan, Korea and Taiwan 1865-1945* vol. 2, Wilfrid Laurier University Press, 1993

Ishigaki, Emiko Hannah, Children's Rights: A Quote from Toyohiko Kagawa, presented at the World Congress on Early Childhood Education (Santiago, Chile, July 31-August 3, 2001)

Kagawa, Toyohiko, *Christ and Japan*, Friendship Press, 1934

Kağitçibaşi, Çiğdem, *Family and Human Development Across Cultures, A View From the Other Side*, Lawrence Erlbaum Associates, Publishers, 996

Knudten, Arthur Christian, "Toyohiko Kagawa, and some social, economic, and religious tendencies in modern Japan", Ph. D Thesis, University of South California, 1946（村島帰之・小島清澄『解放の預言者』警醒社書店、一九四九年）

Lauren, Paul Gordon, *The Evolution of International Human Rights - Visions Seen*, 3rd edition, University of Pennsylvania Press, 2011

Mendieta, Eduardo, & Vanantwerpen, Jonathan, eds., *the Power of Religion in the Public Sphere*, Columbia University Press, 2011（箱田徹・金城美幸訳『公共圏に挑戦する宗教』岩波書店、二〇一四年）

Morita, Akihiko, Collective Human Right to Collective Identity, in Paul Tiedemann ed., *Right to Identity*（ARSP-

Beihefte, volume 147)（Franz Steiner Verlag, Jan. 2016）
Morsink, Johannes, *The Universal Declaration of Human Rights*, University of Pennsylvania Press, 1999
Moyn, Samuel, Personalism, Community, and the Origins of Human Rights, in Stefan-Ludwig Hoffman ed., *Human Rights In the Twentieth Century*, Cambridge University Press, 2011
Mulley, Clare, *The Woman Who Saved the Children*, Oneworld Publications, 2009
Nagel, Thomas, Public Education and Intelligent Design, Philosophy and Public Affairs 36, No. 2, 2008
Newman, Dwight, *Community and Collective Rights, A theoretical Framework for Rights Held by Groups*, Oxford and Portland, Oregon: Hart Publishing, 2011
Orentlicher, Diane F., Relativism and Religion, in M. Ignatieff, Amy Gutmann eds., *Human Rights as Politics and Idolatry*, Princeton University Press, pp. 141-158, 2001.（ダイアン・オレントリッチャー「相対主義と宗教」添谷育志・金田耕一訳『人権の政治学』風行社、二一七―二四一頁、二〇〇六年）
Rawls, John, *A theory of justice*, revised edition, The Belknap Press of Harvard University Press（川本隆史・福間聡・神島裕子訳『正義論』改訂版、紀伊國屋書店、二〇一〇年）
Raz, Joseph, Human rights without foundations, in Samantha Besson & John Tasioulas eds., *The Philosophy of International Law*, Oxford University Press, 2013
Stevensen, Charles L., *Ethics and Language*, Yale University Press, 1944（島田四郎訳『倫理と言語』内田老鶴店新社、一九七六年）
―, The Emotive Meaning of Ethical Term in A. J. Ayer ed., *Logical Positivism*, The Free Press, 1959, pp. 264-281
―, *Facts and Values*, Yale University Press, 1963, pp. 156-232
Tamir, Yael (Yuli), Against Collective Rights, in Likas H. Meyer, Stanley L. Paulson & Thomas W. Pogge eds., *Rights,*

Culture, and the Law, Oxford University Press, 2003

Taylor, Charles, Theories of Meaning, *Human agency and language*, Philosophical papers 1, Cambridge University Press, 1985, pp. 248-292

—, *Multiculturalism and "The Politics of Recognition"*, Princeton University Press, 1992（佐々木毅他訳『マルチカルチュラリズム』岩波書店、二〇〇二年）

—, *Philosophical Arguments* , ambridge, Mass.: Harvard University Press, 1995

—, Conditions of an unforced consensus on human rights, in Joanne R. Bauer and Daniel A. Bell eds., *The East Asian Challenge for Human Rights*, Cambridge University Press, 1999, pp. 124-144

—, *A Secular Age*, The Belknap Press of Harvard University Press, 2007

—, Die Blosse Vernunft ("Reason Alone"), *Dilemmas and Connections*, The Belknap Press of Harvard University Press, 2011

Timmons, Mark, *Morality without foundations - A Defense of Ethical Contextualism*, Oxford University Press, 1999

Tresan, Jon, Stevensen, C. L., in Hugh LaFollette ed., *The International Encyclopedia of ETHICS*, vol. VIII Rin-U, A John Wiley & Sons, Ltd., Publication, 2013

Tu Wei-Ming, *Confucian Thought: Selfhood As Creative Transformation*, State University of New York, 1985

Van Dyke, Vernon, Human Rights and the Rights of Groups, *American Journal of Political Science*, Vol. 18, No. 4 (Nov., 1974)

Waldron, Jeremy, Can Communal Good be Human Rights?, *Liberal Rights - Collected Papers 1981-1991*, Cambridge University Press, 1993

Wellman, Carl, *The Moral Dimensions of HUMAN RIGHTS*, Oxford University Press, 2011

権利意識　100
権利観念　101
ロック，J.　106
ローティ，R.　87
ロールズ，J.　28, 36-7, 210
正義感覚　38
正義の二原理　36
善の構想への能力　38

わ 行

ワーズワース，R.　128
渡辺浩　117
「おほやけ」「わたくし」　117
和辻哲郎　204
汪暉　177
天理　177-8

ボウン，B. P.　128-9
ホーガン，T.　58, 65, 73-85
ホフステード，G.　199
ホフステード，G. J.　199
堀米庸三　97-8
　万有仏性の思想　98
本間久雄　128

ま 行

マーキー，J. L.　40
正村俊之　148
マッキンタイア，A.　21
マリク，Ch.　113
マリタン，J.　108, 111-3, 129
マルク，A.　110
丸山真男　143, 176
　抵抗　144
　反逆　144
マントン，F. de　112

三浦浄心　170
三上一夫　180
　自由民権運動　180
水林彪　151, 154, 176
　天道　154, 176-7
溝口睦子　99
源了圓　148, 154-8, 162-3, 171, 178, 180
　義理的な事実　154
　義理の観念　154
　儒教的義理　158
　日本的義理　158

ムーア，G. E.　61
ムーニエ，E.　111-2

メルロ＝ポンティ，M.　85

モイン，S.　11, 107, 110, 112-4
　キリスト教共同体主義　114
　人格主義　110-1
　ひと（person）　112
森嶋通夫　119-20
　教育制度の改革　119
　戦後の占領政策　119
森村進　9, 40, 190-1
　非対応義務　191
森山軍治郎　167
モンテーニュ，M.　106

や 行

安田三郎　148, 150
安丸良夫　162
山折哲雄　148, 169, 172-3
　ヒトにたいする信頼感情　169
山岸俊男　159
　安心　159
　信頼　159

横井小楠　178-81
　天地公共の実理　178
横川春一　131
ヨナス，H.　195

ら 行

頼山陽　176
ラズ，J.　32, 38
ラッツィンガー，J.（前ローマ教皇ベネディクト16世）　27, 49

李知蓮　146, 148
李朋輝　181

ルーズベルト，F. D.　216
ルソー，J.-J.　106, 144

六本佳平　100-1, 148, 150-1

世界に関与する（coping）者としての世界把握　87
多元的な、頑強な実在論　85
道徳的源泉　106
デカルト，R.　106

杜維明　174
ドゥエル，M.　205
尊厳　205
ドゥオーキン，R.　9, 26, 28, 36, 39, 46
平等な配慮と尊重に対する権利　26
桃中軒雲右衛門　166
トマス・アクィナス　108-9
ドレイファス，H. L.　87

な　行

中江兆民　144-5
中江藤樹　129, 163
天道の義理　163
夏目漱石　163
天に対する義理　163

西周　144
西永亮　41
自然的正　41
ニーチェ，F. W.　110
新渡戸稲造　130
平民道　130
ニューマン，D.　203-4
集団的権利　203
集団的利益　203

ネーゲル，Th.　90
進化論　90
先行的信念　90
知的設計説　90

は　行

ハイエク，F. A. v.　109
ハイデガー，M.　85-6
長谷川晃　9, 46-7
倫理的個人主義　46
長谷川伸　162
ハート，H. L. A.　29, 37, 47, 191, 194
ハーバーマス，J.　24, 90
パーフィット，D.　192-3, 195
方定煥　127

ピウス11世　111
ヒスケス，R. P.　195
ヒューム，D.　66
兵藤裕己　132, 148, 164-7
擬制的ファミリーのモラル　132
浪花節　166
平石直昭　175
天　175

ブキャナン，A.　36, 207
福沢諭吉　144, 175
藤田東湖　176
藤田幽谷　176
藤原保信　41
ブラックバーン，S.　65, 74
フリーデン，M.　50

ヘア，R. M.　62, 66, 77
ヘイスティングス，T. J.　128-9
キリスト教人格主義　128
ヘイリー，J. O.　101-2
共同体　102
ベネディクト，R.　148
ベルジャーエフ，N.　110
ヘルダー，J. G. v.　106
ヘルダーリン，F.　106
ベンサム，J.　21, 109, 191

吉良貴之　194-5
　集団的権利　195

クヌーテン，A. Ch.　129-30
　侠客道　129-30
グロティウス，H.　108

ケイ，E.　127-8
ケルゼン，H.　109
ゲワース，A.　9, 30-5, 46, 48, 209
　一般的権利　34
　一般的整合性の原理　34
　共同体　31
　行為　30

古賀勝次郎　109, 222
小南浩一　130
　侠客道　130-131

さ　行

佐藤岳詩　61, 63, 65-6
　非認知主義　61
　表出主義　63
佐藤忠男　148, 162, 169-70
　義理人情の思想　169
佐藤淑子　122-3
　親和動機　122
　達成動機　122

ジェブ，E.　128
シュトラウス，L.　41

スティーブンソン，Ch. L.　62-3, 65-74, 77
　情動主義　65-7

セン，A.　106

孫文　126

た　行

高田三郎　9, 40
武田清子　105
　本当の土着　105
田中元　169, 171
　敗れし者への共感　172
ダバン，J.　15
タミール，Y.　200-2
田村直臣　127
タルスキ，A.　64
ダンデュー，A.　110

近松門左衛門　155, 163
千葉正士　88
　多元的法文化論　88
陳独秀　126

蔡枢衡　181
　天理、国法、人情　12, 177

デ・ビスシャー，Ch.　112
デイヴィドソン，C.　102
　「班」活動　102
デイヴィドソン，D.　87
ティモンズ，M.　10, 58, 61, 63-5, 73-85, 87-9
　一人称の道徳的判断　83-5
　真正の非記述的信念　77
　道徳的に関与した立場　81
　道徳的非実在論　74
　認知主義的表出主義　9, 58
　表出主義　73
テイラー，Ch.　10, 16, 18-9, 24, 26, 58, 65, 85, 87-8, 90, 97, 99, 104-5, 203-4
　人権の正当化根拠　19
　正当化原理（基礎づけ理論）18

主要人名・事項索引

注を除く本文から主たる人名を採り，姓・名の五十音順で配列した。当該の人物が主唱した概念をその下位に配した。

あ 行

碧海純一　66
東洋　117-8
　規範的平等主義　117
　分け前的平等主義　117
アレクシー，R.　9, 21-6
　解釈主義　21
　合理性のルール　22
　実存主義　21
安藤馨　44

飯島昇藏　9, 41
　自然的正しさ　41
イグナティエフ，M.　29-30, 115
　人間の普遍的ニーズ　29
　人間の行為者性（agency）　30
磯部忠正　169, 172-3
　根源者志向　172-3
　祖先回帰　172
井上厚志　144
井上毅　179
井上達夫　9-10, 35, 37, 42-4, 58-61, 63-65, 67, 115, 210
　開放的最小限主義　35
　規範と命法　43
今道友信　151-3
　責任　152

ヴァン・ダイク，V.　196-7
　集団的存在　196
ウェルマン，C.　108-9
ウォルドロン，J.　201
宇佐美誠　190-4, 207-8, 210
　非対応義務　191
浦山聖子　197

エイヤー，A. J.　62, 66

大木雅夫　151-2
　義務中心の法文化　151-2
　権利中心の法文化　151
岡島多三郎　145
オースティン，J. L.　61, 67, 109
オッカムのウィリアム　108
オニール，J.　208
オレントリヒャー，D. F.　73

か 行

賀川豊彦　11-2, 107, 116, 125-33, 143, 146, 181, 222
カスタニェーダ，H.　43
勝間靖　15
　国際人権レジーム　14
勝俣鎮夫　159-60
　一揆　160
加藤周一　174
亀本洋　27-8
　価値相対主義　27
　文化相対主義　27
川島武宜　148-51
　義理　148-150

ギバード，A.　62, 65
キャーウトチバシュ，Ç.　123-5
　情緒的相互依存モデル　123

著者紹介

森田明彦（もりた・あきひこ）

1958年生まれ。東北大学文学部卒。外務省、国際連合開発計画、財団法人日本ユニセフ協会広報室長、東京工業大学特任教授等を経て、2010年4月より尚絅学院大学教授。博士（学術、早稲田大学）。専門は人権思想、国際人権論、グローバル教育。2016年4月より2017年3月までコロンビア大学（米国ニューヨーク市）人権研究所客員研究員。

著書『人権をひらく――チャールズ・テイラーとの対話』（藤原書店）、論文 Difference in the Conceptions of Self as subject of human rights between the West and Japan - Can Confucian Self be strong enough to exercise the positive liberty in the authoritarian society? in Thomas Bustamante and Oche Onazi eds., *Rights, Language and Law* (ARSP-Beihefte, volume 131) (Franz Steiner Verlag, March 2012) 他多数。

世界《せかい》人権《じんけん》論《ろん》序説《じょせつ》――多文化社会《たぶんかしゃかい》における人権《じんけん》の根拠《こんきょ》について

2017年10月10日　初版第1刷発行©

著　者　森　田　明　彦

発行者　藤　原　良　雄

発行所　株式会社　藤　原　書　店

〒162-0041　東京都新宿区早稲田鶴巻町523

電　話　03（5272）0301

FAX　03（5272）0450

振　替　00160 - 4 - 17013

info@fujiwara-shoten.co.jp

印刷・製本　中央精版印刷

落丁本・乱丁本はお取替えいたします

定価はカバーに表示してあります

Printed in Japan

ISBN978-4-86578-143-4

新たな視点から「正当性」を問う

政治的正当性とは何か

J－M・クワコウ
田中治男・押村高・宇野重規訳

頻発する政治腐敗、政治への信頼性の喪失……、現在においてこそ問われるべき「正当性」の問題に、マルクス、ウェーバー、ロールズ、シュミット等多くの政治哲学者の議論を批判的に考察しつつ果敢に取り組む刺激的な一書。

Ａ５上製　三三六頁　六八〇〇円
（二〇〇〇年六月刊）
◇978-4-89434-185-2

LÉGITIMITÉ ET POLITIQUE　Jean-Marc COICAUD

新しい「国連」をめざして

国連の限界／国連の未来

J－M・クワコウ
池村俊郎・駒木克彦訳

元国連事務総長のスピーチライターを務めた著者が呈示する〝国連〟の未来像、そして日本が提示しうる国連像とは？　「日本は、安全かつ公正な世界の実現に貢献できる、またとない位置にある」（クワコウ）。

四六上製　三一二頁　三〇〇〇円
（二〇〇七年五月刊）
◇978-4-89434-570-6

国家を超える原理とは

介入？

（人間の権利と国家の論理）

E・ヴィーゼル＋川田順造編
廣瀬浩司・林修訳

ノーベル平和賞受賞のエリ・ヴィーゼルの発議で発足した「世界文化アカデミー」に全世界の知識人が結集。飢餓、難民、宗教、民族対立など、相次ぐ危機を前に、国家主権とそれを越える普遍的原理としての「人権」を問う。

四六上製　三〇四頁　三二〇〇円
（一九九七年六月刊）
◇978-4-89434-071-8

INTERVENIR?—DROITS DE LA PERSONNE ET RAISONS D'ÉTAT
ACADÉMIE UNIVERSELLE DES CULTURES

西欧近代の裏面史を浮彫る

ナショナリズム・反ユダヤ主義・ファシズム

M・ヴィノック
川上勉・中谷猛監訳

西欧精神の土壌に脈打つ反ユダヤ主義とナショナリズムの結合の産物としてのファシズムに迫る。三二〇点の写真・関連年表等を附した決定版大鑑。

菊上製　五九二頁　六六九九円
（一九九五年四月刊）
◇978-4-89434-013-8

NATIONALISME, ANTISÉMITISME ET FASCISME EN FRANCE　Michel WINOCK

「国民＝国家」を超える言語戦略

多言語主義とは何か

三浦信孝編

最先端の論者が「多言語・多文化」接触というテーマに挑む問題作。

川田順造／林正寛／本名信行／三浦信孝／原聖／B・カッセン／M・ブレーヌ／R・コンフィアン／西谷修／姜尚中／港千尋／西永良成／澤田直／今福龍太／酒井直樹／西川長夫／子安宣邦／西垣通／加藤周一

A5変並製　三四四頁　三六〇〇円
（一九九七年五月刊）
◇978-4-89434-068-8

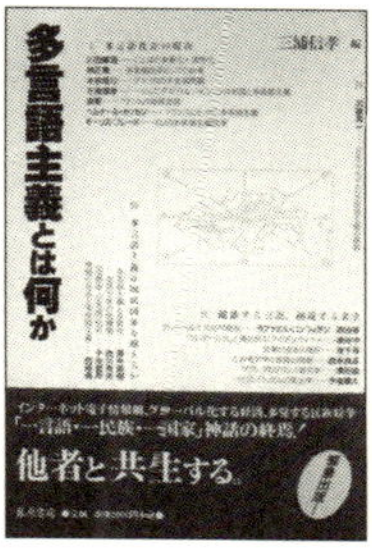

グローバル化の中の言語を問う

言語帝国主義とは何か

三浦信孝・糟谷啓介編

急激な「グローバリゼーション」とその反動の閉ざされた「ナショナリズム」が、ともに大きな問題とされている現在、その二項対立的な問いの設定自体を根底から掘り崩し、「ことば」と「権力」と「人間」の本質的な関係に迫る「言語帝国主義」の視点を鮮烈に呈示。

A5並製　四〇〇頁　三三〇〇円
（二〇〇〇年九月刊）
◇978-4-89434-191-3

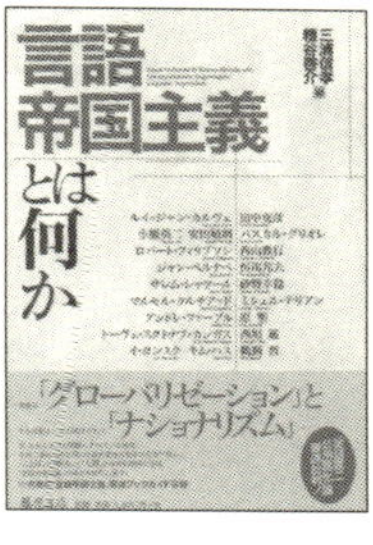

自由・平等・友愛を根底から問う

来るべき〈民主主義〉

（反グローバリズムの政治哲学）

三浦信孝編

グローバル化と新たな「戦争」状態を前に、来るべき〈民主主義〉とは？

西谷修／ベンサイド／バリバール／増田一夫／西永良成／北川忠明／小野潮／松葉祥一／糠塚康江／井上たか子／荻野文隆／桑田禮彰／長谷川秀樹／櫻本陽一／中野裕二／澤田直／久米博／ヌーデルマン

A5並製　三八四頁　三八〇〇円
（二〇〇三年一二月刊）
◇978-4-89434-367-2

冷戦後の世界で、なぜテロは続発するか

世界はなぜ過激化《ラディカリザシオン》するのか？

（歴史・現在・未来）

F・コスロカヴァール

池村俊郎・山田寛訳

9・11米同時多発テロ、『シャルリ・エブド』襲撃、パリ同時テロ……なぜイスラム過激主義が豊かな社会で頻発するか。格差拡大などの政治・経済的問題、個人が抱える孤立・不安・絶望、「ライシテ」……様々な視角からテロの淵源を捉え、脱却の可能性を探る。

四六上製　二七二頁　二八〇〇円
（二〇一六年一一月刊）
◇978-4-86578-101-4

RADICALISATION Farhad KHOSROKHAVAR

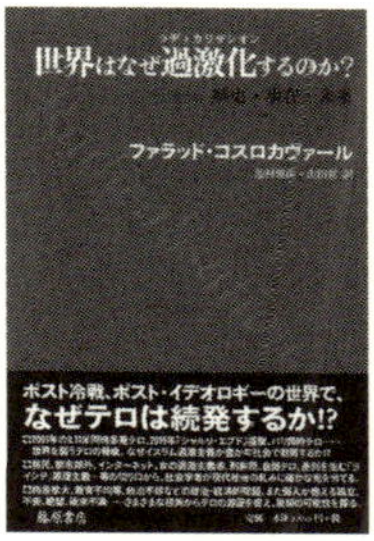

市民活動家の必読書

NGOとは何か

〔現場からの声〕

伊勢﨑賢治

アフリカの開発援助現場から届いた市民活動（NGO、NPO）への初のラディカルな問題提起。「善意」を「本物の成果」にするために何を変えなければならないかを、国際NGOの海外事務所長が経験に基づき具体的に示した、関係者必読の開発援助改造論。

四六並製　三〇四頁　**二八〇〇円**
（一九九七年一〇月刊）
◇978-4-89434-079-4

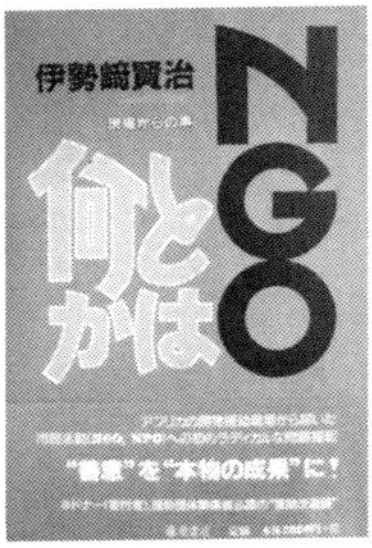

一日本人の貴重な体験記録

東チモール県知事日記

伊勢﨑賢治

練達の〝NGO魂〟国連職員が、デジカメ片手に奔走した、波瀾万丈「県知事」業務の写真日記。植民地支配、民族内乱、国家と軍、主権国家への国際社会の介入……。難問山積の最も危険な県の「知事」が体験したものは？

写真多数

四六並製　三二八頁　**二八〇〇円**
（二〇〇一年一〇月刊）
◇978-4-89434-252-1

国家を超えたいきかたのすすめ

NGO主義でいこう

〔インド・フィリピン・インドネシアで開発を考える〕

小野行雄

NGO活動の中でつきあたる「誰のための開発援助か」という難問。あくまで一人ひとりのNGO実践者という立場に立ち、具体的な体験のなかで深く柔らかく考える、ありそうでなかった「NGO実践入門」。

写真多数

四六並製　二六四頁　**二二〇〇円**
（二〇〇二年六月刊）
◇978-4-89434-291-0

雇用創出と災害復興への道

サードセクター

〔「新しい公共」と「新しい経済」〕

A・リピエッツ
井上泰夫訳＝解説

市場とも、政府とも異なる「新しい公共」、「新しい経済」として期待されている社会的企業、ソーシャル・ビジネス、NPO法人。だが、その理念や方法論は極めて曖昧だった。これらを「サードセクター」として再定義し、新たな需要に応えると同時に、新たな雇用を創出するその意義を説く。

四六上製　二九六頁　**三〇〇〇円**
（二〇一一年四月刊）
◇978-4-89434-797-7

POUR LE TIERS SECTEUR
Alain LIPIETZ

「この国の最底辺はいつまで続くのか」（髙村薫氏）

新版
無縁声声（日本資本主義残酷史）

平井正治
特別寄稿＝髙村薫／稲泉連

大阪釜ヶ崎の三畳ドヤに三十年住みつづけ、昼は現場労働、夜は史資料三昧、休みの日には調べ歩く。"この世"のしくみと"モノ"の世界を徹底的に明かした問題作。

四六並製　三九二頁　三〇〇〇円
（一九九七年四月／二〇一〇年九月刊）◇978-4-89434-755-7

21世紀、日本の縮図を鳥瞰する！

「移民列島」ニッポン（多文化共生社会に生きる）

藤巻秀樹

多国籍の街、東京・大久保、南米の日系人が多く住む愛知・保見団地、アジア各国から外国人花嫁が嫁いでくる新潟・南魚沼市、三つの地域に住み込んで、さらに日本各地を取材し、移民たちの肉声を伝える第一線の記者によるルポルタージュ。

四六上製　三二〇頁　三〇〇〇円
（二〇一二年一〇月刊）◇978-4-89434-880-6

不可避的に迫る「移民社会」にどう向き合うか

別冊『環』⑳
なぜ今、移民問題か

編集協力＝宮島喬・藤巻秀樹・石原進・鈴木江理子

〈座談会〉中川正春＋宮島喬＋石原進＋鈴木江理子＋藤巻秀樹（コーディネーター）

〈寄稿〉宮島喬／藤巻秀樹／鈴木江理子／石原進／旗手明／井口泰／趙衛国／大石奈々／横田雅弘／安里和晃／李惠珍／二文字屋修／岡本雅享／郭潔蓉／山下清海／柏崎千佳子／佐藤由利子／チャオ埴原三鈴／樋口直人／毛受敏浩／榎井縁／松岡真理恵／高橋恵介／塩原良和／善元幸夫／坪谷美欧子／イシカワ エウニセ アケミ／関本保孝／近藤敦／佐藤信行／明石純一／水上洋一郎／嘉本伊都子／李善姫／エレン・ルバイ／石川えり／金朋央／森千香子／猪股祐介／二宮正人／藤井幸之助

〈資料篇〉Ⅰ 外国人／移民関連統計資料　Ⅱ 戦後の外国人／移民をめぐる年表（鈴木江理子）

菊大並製　三七六頁　三三〇〇円
（二〇一四年七月刊）◇978-4-89434-978-0

「社会企業」の成功には何が必要なのか？

10万人のホームレスに住まいを！（アメリカ「社会企業」の創設者ロザンヌ・ハガティの挑戦）

青山佾 〈対談〉R・ハガティ

ニューヨークを皮切りに、ホームレスの自立支援を成功させてきたハガティ氏の二〇年間の活動を日本の「貧困問題」「災害復興」の現場で活躍してきた著者が解説、今こそ求められる「社会企業」の役割と、あるべき未来像を実践的に論じる。

A5並製　二四八頁　二二〇〇円
（二〇一三年五月刊）◇978-4-89434-914-8

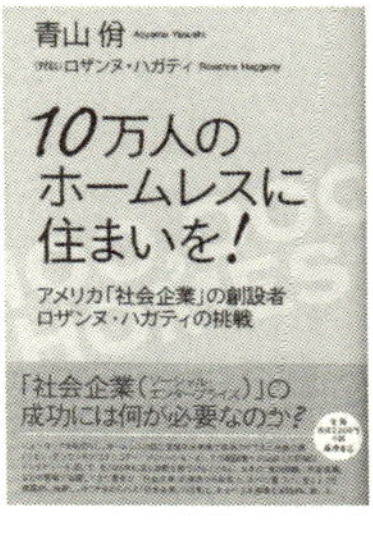

世界を歩いてわかった「東京」の魅力、そして課題とは？

世界の街角から東京を考える

青山 佾

巨大都市・東京の副知事を長年務め、ハードおよびソフトとしての都市を熟知する著者が、実際に訪れたニューヨーク、ロンドン、パリ、ベルリン、ローマ、バルセロナ、モスクワ、北京、ホーチミンなど世界の約五〇都市と比較しながら、自治・防災・観光資産・交通・建築など多角的視野から考える、「東京」の歴史・現在・未来。

四六並製　四〇八頁　二五〇〇円
（二〇一四年一〇月刊）
◇978-4-89434-995-7

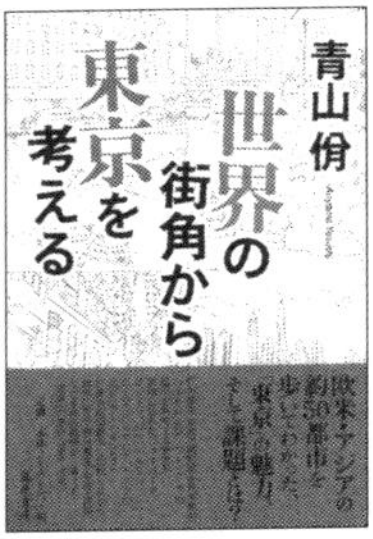

「居住の権利」をいかに確立すべきか

「居住の権利」とくらし

（東日本大震災復興をみすえて）

家正治＝編集代表
早川和男・熊野勝之・森島吉美・大橋昌広編

阪神・淡路大震災、東日本大震災は、「居住弱者」を直撃し、「住宅災害」としての実態を露呈させた。国際人権規約を参照しつつ「居住の権利」の具体的確立を提唱し、「人間らしい居住」の実現を訴える。

A5並製　二四八頁　二四〇〇円
（二〇一二年三月刊）
◇978-4-89434-845-5

本当に安心できる住まいとは？

ケースブック 日本の居住貧困

（子育て／高齢障がい者／難病患者）

早川和男＝編集代表
岡本祥浩・早川潤一＝編

交通事故死者数をはるかに超える、「住居の中の不慮の事故死」は、なぜ生じてしまうのか？　乳幼児の子育てや、高齢障がい者・難病患者の生活に密着し、建物というハードだけでは解決できない、「住まい方」の問題を考える。

A5並製　二七二頁　二二〇〇円
（二〇一一年一月刊）
◇978-4-89434-779-3

阪神・淡路大震災から東日本大震災まで

災害に負けない「居住福祉」

早川和男

各地での多数の具体例を交えながら、個別の住宅の防災対策のみならず、学校・公民館などの公共施設、地域コミュニティ、寺社・祭りなどの伝統文化、そして自然環境まで、防災・復興の根本条件としての「住まい方」の充実を訴える。日本を「居住福祉列島」に体質改善するための緊急提言！

四六並製　二二四頁　二二〇〇円
（二〇一一年一〇月刊）
◇978-4-89434-821-9